MULTIPLICA LOS RESULTADOS EMPRESARIALES CON INTELIGENCIA ARTIFICIAL

DAVID SANDUA

Multiplica los resultados empresariales con Inteligencia Artificial.
© David Sandua 2023

Ebock & Paperback Publication Edition

"La inteligencia artificial no es sólo una tecnología; es una mentalidad empresarial que busca constantemente formas innovadoras de conseguir más con menos".

Kai-Fu Lee, CEO de Sinovation Ventures

ÍNDICE

I. INTRODUCCIÓN

La inteligencia artificial (IA) ha surgido como una poderosa herramienta en varios ámbitos de nuestras vidas, revolucionando las industrias y transformando la forma en que hacemos negocios. Con su capacidad para analizar grandes cantidades de datos con una rapidez y precisión sin precedentes, la IA se ha convertido en un activo inestimable para aumentar la productividad, mejorar la eficiencia y maximizar los beneficios. En el panorama empresarial actual, dinámico y altamente competitivo, las organizaciones exploran constantemente formas innovadoras de multiplicar sus resultados empresariales. La utilización de la IA es una de esas estrategias que ha ganado terreno gracias a su potencial para desbloquear nuevas oportunidades, impulsar los beneficios y obtener una ventaja competitiva. Este ensayo profundizará en las diversas formas en que las empresas pueden aprovechar las tecnologías de IA para multiplicar sus resultados, centrándose en áreas clave como la experiencia del cliente, la eficiencia operativa y los procesos de toma de decisiones.

EL USO CRECIENTE DE LA IA EN LAS EMPRESAS

El uso creciente de la inteligencia artificial (IA) en las empresas ha provocado cambios y avances significativos en todos los sectores. La IA se refiere al desarrollo de sistemas informáticos que pueden realizar tareas que normalmente requieren inteligencia humana, como la percepción visual, el reconocimiento del habla, la toma de decisiones y la resolución de problemas. A lo largo de los años, la IA ha pasado de ser un concepto futurista a una herramienta práctica que las empresas pueden aprovechar para mejorar sus operaciones y aumentar el rendimiento general. Con la convergencia de la disponibilidad de datos, la potencia de cálculo y los avances algorítmicos, la IA se ha hecho cada vez más accesible a empresas de todos los tamaños, lo que ha llevado a su adopción generalizada en diversos sectores. Este apartado ofrecerá una visión general del creciente uso de la IA en las empresas, destacando sus aplicaciones y los beneficios que aporta a las organizaciones. Una de las principales aplicaciones de la IA en las empresas es el servicio y la atención al cliente. Las empresas están desplegando chatbots con IA para atender las consultas de los clientes, proporcionar asistencia instantánea y resolver problemas comunes. Estos chatbots utilizan algoritmos de procesamiento del lenguaje natural para descifrar las consultas de los clientes y responder con información precisa y útil. También pueden personalizar las interacciones basándose en el historial y las preferencias de cada cliente, garantizando una experiencia de atención al cliente más personalizada y eficiente. Al automatizar las tareas rutinarias de atención al cliente, la IA no sólo reduce la carga de trabajo de los agentes humanos, sino que también permite a las empresas gestionar simultáneamente un mayor volumen de consultas de los clientes. Esto no sólo mejora la satisfacción del cliente, sino que también ayuda a las empresas a ahorrar costes y mejorar la eficacia operativa. La IA también se utiliza cada vez más en ventas y marketing para obtener mejores resultados empresariales. Los algoritmos de aprendizaje automático pueden analizar grandes cantidades de datos sobre clientes y mercados para identificar pautas y tendencias, lo que permite a las empresas dirigirse a clientes potenciales y llegar a ellos con mayor eficacia. Aprovechando la IA, las empresas pueden automatizar campañas de marketing personalizadas que envíen mensajes y recomendaciones adaptados a cada cliente, lo que aumenta las tasas de conversión y las ventas. El análisis predictivo basado en IA puede ayudar a las empresas a anticiparse a las necesidades y preferencias de los clientes, permitiéndoles ofrecer recomendaciones y sugerencias proactivas. Esto no sólo mejora la experiencia del cliente, sino que también contribuye a aumentar su fidelidad y retención. La IA está revolucionando la gestión de la cadena de suministro al agilizar las operaciones, mejorar la eficiencia y reducir los costes. Los algoritmos de IA pueden analizar datos históricos, tendencias del mercado y patrones de demanda para optimizar los niveles de inventario, reduciendo el riesgo de exceso de existencias o de desabastecimiento. Estos algoritmos también pueden optimizar la planificación y programación de rutas, garantizando la entrega puntual y eficiente de las mercancías. El análisis predictivo impulsado por IA puede identificar posibles interrupciones en la cadena de suministro, como fenómenos meteorológicos o riesgos geopolíticos, permitiendo a las empresas tomar medidas proactivas para mitigar estos riesgos y garantizar operaciones ininterrumpidas. Aprovechando la IA en la gestión de la cadena de suministro, las empresas pueden conseguir importantes ahorros de costes, mejorar la satisfacción del cliente mediante entregas más rápidas y fiables, y aumentar la resistencia operativa general.

Otro ámbito importante en el que la IA está teniendo un impacto es el de los recursos humanos (RRHH). Las herramientas de IA pueden automatizar varios procesos de RRHH, como la selección de currículos, la búsqueda de candidatos y la programación de entrevistas. Al automatizar estas tareas, las empresas pueden mejorar la eficacia de sus procesos de contratación, reducir los prejuicios y los errores humanos, y garantizar una evaluación más objetiva de las cualificaciones de los candidatos. La IA también puede utilizarse para mejorar el compromiso de los empleados y la gestión del rendimiento. Por ejemplo, los algoritmos de análisis de sentimientos pueden analizar las opiniones y sentimientos de los empleados para identificar posibles problemas y áreas de mejora. Esto puede ayudar a las empresas a abordar de forma proactiva las preocupaciones de los empleados, elevar su moral y crear un entorno de trabajo más positivo y productivo. Los asistentes virtuales con IA pueden ofrecer a los empleados recomendaciones de formación personalizadas y oportunidades de desarrollo basadas en sus necesidades y objetivos individuales, contribuyendo a su crecimiento y desarrollo profesional. El creciente uso de la IA en las empresas está transformando los sectores y permitiendo a las organizaciones obtener mejores resultados en diversos ámbitos. Desde la atención al cliente hasta las ventas y el marketing, pasando por la gestión de la cadena de suministro y los RRHH, la IA ofrece numerosas ventajas, como la mejora de la eficacia operativa, la reducción de costes, la mejora de la satisfacción del cliente y el aumento de la generación de ingresos. A medida que la tecnología de IA sigue evolucionando y haciéndose más accesible, las empresas deben adoptar la IA y aprovechar sus capacidades para seguir siendo competitivas en el panorama empresarial actual, que cambia rápidamente. Aunque la IA no está exenta de desafíos, como las consideraciones éticas y el posible desplazamiento de puestos de trabajo, los beneficios que aporta a las organizaciones superan a los inconvenientes. Es probable que las empresas que integren la IA en sus operaciones y procesos de toma de decisiones obtengan una ventaja competitiva significativa y prosperen en los próximos años.

DECLARACIÓN DE TESIS

La IA tiene el potencial de multiplicar enormemente los resultados empresariales mejorando la eficacia, optimizando la toma de decisiones y mejorando las experiencias de los clientes. Una forma en que la IA puede multiplicar enormemente los resultados empresariales es mejorando la eficiencia. Las tecnologías de IA pueden automatizar tareas rutinarias, liberando tiempo de los empleados para que se centren en actividades de más valor añadido. Por ejemplo, los chatbots potenciados por IA pueden gestionar las consultas de los clientes y resolver problemas comunes, reduciendo la carga de los representantes de atención al cliente. Además, los algoritmos de IA pueden analizar grandes cantidades de datos e identificar patrones y tendencias que los humanos no pueden detectar, ayudando a las empresas a tomar decisiones más informadas. Por ejemplo, la IA puede analizar los datos de ventas para determinar qué productos o servicios son los más populares entre los clientes, lo que permite a las empresas optimizar su inventario y sus estrategias de marketing. La IA puede mejorar la eficiencia operativa agilizando los procesos e identificando áreas de mejora. Por ejemplo, la IA puede analizar los datos de producción en tiempo real para detectar ineficiencias o problemas de calidad, permitiendo a las empresas tomar medidas correctivas inmediatas. Mediante la automatización de tareas, el análisis de datos y la mejora de los procesos, la IA tiene el potencial de mejorar significativamente la eficiencia y la productividad, multiplicando los resultados empresariales. Otra forma en que la IA puede multiplicar los resultados empresariales es optimizando la toma de decisiones. Los procesos tradicionales de toma de decisiones suelen basarse en la intuición y la experiencia humanas, que pueden ser subjetivas y propensas a sesgos. Las tecnologías de IA, sin embargo, pueden analizar los datos objetivamente y hacer predicciones y recomendaciones basadas en datos. Por ejemplo, los algoritmos de IA pueden analizar las tendencias del mercado, el comportamiento de los clientes y las actividades de la competencia para identificar oportunidades de crecimiento o riesgos potenciales. Esto puede ayudar a las empresas a hacer previsiones más precisas y desarrollar estrategias eficaces para mantenerse por delante de la competencia. El análisis predictivo potenciado por la IA puede ayudar a las empresas a anticiparse a las necesidades de los clientes y personalizar sus ofertas en consecuencia. Por ejemplo, los algoritmos de IA pueden analizar los datos de los clientes para identificar patrones y preferencias, lo que permite a las empresas adaptar sus mensajes de marketing y recomendaciones de productos a cada cliente. La IA puede mejorar la toma de decisiones simulando varios escenarios y recomendando las soluciones más óptimas. Por ejemplo, los algoritmos de IA pueden analizar diferentes estrategias de precios y segmentos de clientes para determinar la mejor estrategia de precios para maximizar los beneficios. Aprovechando los datos y los análisis avanzados, la IA tiene el potencial de optimizar los procesos de toma de decisiones y mejorar los resultados empresariales. Además de mejorar la eficiencia y optimizar la toma de decisiones, la IA tiene el potencial de multiplicar enormemente los resultados empresariales mejorando las experiencias de los clientes. Las tecnologías impulsadas por la IA pueden proporcionar experiencias personalizadas y fluidas a los clientes en varios puntos de contacto. Por ejemplo, los sistemas de recomendación basados en IA pueden analizar las preferencias y el comportamiento de los clientes para ofrecerles recomendaciones de productos relevantes, lo que aumenta las ventas y la satisfacción de los clientes. Los asistentes virtuales basados en IA pueden proporcionar asistencia y apoyo personalizados, respondiendo a las preguntas de los clientes en tiempo real y mejorando el servicio al cliente en general. La IA puede permitir a las empresas ofrecer mensajes y promociones de marketing personalizados, adaptados a las necesidades y preferencias de cada cliente. Esto puede dar lugar a campañas de marketing más específicas y eficaces, con mayores tasas de conversión y retención de clientes. La IA puede mejorar la experiencia del cliente proporcionando respuestas más rápidas y precisas a sus consultas. Por ejemplo, los chatbots con IA pueden proporcionar asistencia instantánea y resolver problemas comunes de los clientes, reduciendo los tiempos de espera y mejorando la satisfacción general del cliente. Al aprovechar las tecnologías de IA, las empresas pueden crear experiencias de cliente más personalizadas y fluidas, lo que aumenta la fidelidad de los clientes y, en última instancia, multiplica los resultados empresariales.

La IA tiene el potencial de multiplicar enormemente los resultados empresariales mejorando la eficiencia, optimizando la toma de decisiones y mejorando las experiencias de los clientes. Mediante la automatización de tareas, el análisis de datos y la mejora de los procesos, la IA puede mejorar significativamente la eficiencia y la productividad, lo que lleva a multiplicar los resultados empresariales. Al aprovechar los datos y los análisis avanzados, la IA puede optimizar los procesos de toma de decisiones y permitir a las empresas hacer previsiones más precisas y desarrollar estrategias eficaces. Las tecnologías impulsadas por la IA pueden proporcionar experiencias de cliente personalizadas y sin fisuras, lo que aumenta la satisfacción y la fidelidad de los clientes. Las empresas que aprovechan eficazmente el poder de la IA tienen el potencial de multiplicar enormemente sus resultados y obtener una ventaja competitiva en el mercado. Una forma clave de multiplicar los resultados empresariales con la IA es aprovechar el poder de los asistentes virtuales. Los asistentes virtuales son programas de software impulsados por IA diseñados para realizar tareas e interactuar con los humanos de forma conversacional. Estos asistentes pueden encargarse de una amplia gama de tareas, desde programar citas y gestionar calendarios hasta prestar servicios de atención al cliente y responder a consultas. El uso de asistentes virtuales puede mejorar mucho la eficiencia y eficacia de las operaciones empresariales. Por ejemplo, los asistentes virtuales pueden automatizar tareas repetitivas y que consumen mucho tiempo, liberando a los empleados para que se centren en actividades más complejas y estratégicas. Los asistentes virtuales están disponibles 24 horas al día, 7 días a la semana, lo que proporciona asistencia las 24 horas del día y mejora la satisfacción del cliente. Mediante el uso de asistentes virtuales, las empresas pueden hacer más en menos tiempo, lo que se traduce en un aumento de la productividad y un importante ahorro de costes. La IA puede revolucionar los esfuerzos de ventas y marketing de las empresas. Los algoritmos de IA pueden analizar grandes cantidades de datos de clientes para identificar patrones y tendencias, lo que permite a las empresas comprender mejor a su público objetivo y tomar decisiones basadas en datos. Con la IA, las empresas pueden personalizar las campañas de marketing y ofrecer anuncios dirigidos a segmentos específicos de consumidores, aumentando la probabilidad de atraer y retener clientes. La IA puede ayudar a las empresas a optimizar sus estrategias de precios analizando las condiciones del mercado, los datos de la competencia y el comportamiento de los clientes. Aprovechando la IA, las empresas pueden fijar precios que maximicen los ingresos y la rentabilidad. La IA puede mejorar el proceso de ventas proporcionando recomendaciones y conocimientos en tiempo real a los representantes de ventas. Por ejemplo, la IA puede sugerir la siguiente mejor acción para un representante de ventas basándose en las preferencias del cliente y su historial de compras. Esto puede dar lugar a estrategias de venta más eficaces y mayores tasas de cierre.

Otra forma en que las empresas pueden multiplicar sus resultados con la IA es utilizando el análisis predictivo. El análisis predictivo utiliza datos históricos y técnicas de modelización estadística para predecir resultados o comportamientos futuros. Utilizando el análisis predictivo potenciado por la IA, las empresas pueden hacer predicciones más precisas sobre el comportamiento de los clientes, las tendencias del mercado y la demanda, lo que les permite anticiparse a los cambios y tomar decisiones proactivas. Por ejemplo, las empresas pueden utilizar el análisis predictivo para identificar a los clientes con alto riesgo de pérdida y aplicar estrategias de retención de clientes antes de que sea demasiado tarde. El análisis predictivo puede ayudar a las empresas a optimizar las operaciones de su cadena de suministro mediante la previsión de la demanda, la minimización de los niveles de inventario y la reducción de costes. Al aprovechar el análisis predictivo, las empresas pueden tomar decisiones más informadas, mitigar los riesgos y obtener mejores resultados. La IA puede mejorar la calidad y la eficacia de la toma de decisiones en las organizaciones. Los sistemas de apoyo a la toma de decisiones basados en IA pueden analizar conjuntos de datos complejos, generar ideas y ofrecer recomendaciones a los responsables de la toma de decisiones. Estos sistemas pueden procesar y analizar grandes cantidades de datos en una fracción del tiempo que le llevaría a un ser humano, lo que permite a las empresas tomar decisiones más rápidas e informadas. La IA puede ayudar a eliminar los sesgos en la toma de decisiones al basarse en datos y algoritmos objetivos. Esto puede conducir a resultados más justos y equitativos. La IA puede identificar riesgos y oportunidades potenciales que los humanos podrían haber pasado por alto, permitiendo a las empresas tomar mejores decisiones estratégicas. Al incorporar la IA al proceso de toma de decisiones, las empresas pueden mejorar el rendimiento, mitigar los riesgos y obtener una ventaja competitiva. La IA puede mejorar la eficiencia y eficacia de los procesos empresariales mediante la automatización. Los robots y las máquinas impulsados por IA pueden realizar tareas físicas, como la fabricación, el embalaje y la logística, con precisión y rapidez. Automatizando estas tareas, las empresas pueden reducir costes, eliminar errores y aumentar la productividad. Por ejemplo, en la industria manufacturera, los robots dotados de IA pueden ensamblar productos, inspeccionar la calidad y realizar tareas repetitivas, con lo que aumentan los índices de producción y mejoran la calidad de los productos. La IA puede automatizar las operaciones administrativas, como la introducción de datos y el procesamiento de facturas, ahorrando tiempo y reduciendo las cargas administrativas. Al adoptar la automatización mediante IA, las empresas pueden agilizar sus operaciones, alcanzar mayores niveles de eficiencia y, en última instancia, multiplicar sus resultados. La IA tiene el potencial de multiplicar los resultados empresariales de varias maneras. Aprovechando los asistentes virtuales, las empresas pueden mejorar la productividad y la satisfacción del cliente. Mediante algoritmos potenciados por IA y análisis predictivos, las empresas pueden optimizar sus esfuerzos de ventas y marketing, anticiparse a los cambios y obtener mejores resultados. Los sistemas de apoyo a la toma de decisiones basados en IA pueden mejorar la calidad y la rapidez de la toma de decisiones, mientras que la automatización mediante IA puede mejorar los procesos empresariales. A medida que la IA siga avanzando, las empresas que aprovechen su potencial tendrán una ventaja competitiva y estarán preparadas para el éxito en el futuro.

II. MEJORAR LA EFICACIA

Otra forma en que la IA puede mejorar la eficiencia de las empresas es mediante la implantación de la automatización robótica de procesos (RPA). La RPA es una tecnología que permite a las empresas automatizar tareas manuales repetitivas que suelen realizar los humanos. Mediante el uso de robots de software impulsados por IA, las empresas pueden agilizar sus operaciones y liberar a los empleados para que se centren en tareas más complejas y estratégicas. Por ejemplo, en el sector sanitario, los robots con IA pueden utilizarse para automatizar la tramitación de las solicitudes de seguros, liberando a los profesionales médicos para que dediquen más tiempo a los pacientes. En el sector financiero, la RPA puede utilizarse para automatizar las tareas de introducción de datos, reduciendo el riesgo de errores y mejorando la precisión general. La implantación de la RPA no sólo mejora la eficiencia, sino que también reduce costes, ya que las empresas pueden ahorrar en gastos de mano de obra automatizando tareas que, de otro modo, requerirían la intervención humana. Los robots impulsados por IA pueden trabajar 24 horas al día, 7 días a la semana, aumentando significativamente la velocidad a la que se completan las tareas. Esto no sólo permite a las empresas trabajar de forma más eficiente, sino que también les permite satisfacer las demandas de un mercado que cambia rápidamente. Al aprovechar la tecnología de IA para automatizar procesos rutinarios, las empresas pueden aumentar su productividad y, en última instancia, multiplicar sus resultados.

A. AUTOMATIZACIÓN DE TAREAS REPETITIVAS

La automatización de tareas repetitivas permite a las empresas agilizar sus operaciones y aumentar la eficiencia. Muchas organizaciones tienen tareas rutinarias que consumen una cantidad significativa de tiempo y recursos, como la introducción de datos, la organización de archivos o las consultas al servicio de atención al cliente. Al implantar sistemas de inteligencia artificial, estas tareas mundanas y repetitivas pueden automatizarse, ahorrando un tiempo valioso y liberando a los empleados para que se centren en tareas más estratégicas y complejas. Por ejemplo, los chatbots impulsados por IA pueden gestionar las consultas de los clientes y proporcionar respuestas inmediatas, reduciendo la necesidad de intervención humana y disminuyendo los tiempos de respuesta. Los algoritmos de IA pueden utilizarse para procesar y analizar grandes volúmenes de datos, extrayendo valiosas perspectivas y patrones que pueden informar las decisiones empresariales. Esto no sólo ahorra tiempo, sino que también mejora la precisión de la toma de decisiones al eliminar los errores y sesgos humanos. La automatización de tareas repetitivas mediante la tecnología de IA permite a las empresas agilizar sus procesos, mejorar la productividad y, en última instancia, obtener mejores resultados.

EJEMPLOS DE TAREAS QUE PUEDEN AUTOMATIZARSE MEDIANTE LA IA

Además de agilizar el servicio al cliente y mejorar los procesos de flujo de trabajo, la IA también tiene potencial para automatizar diversas tareas en distintos sectores. Un ejemplo de tarea que puede automatizarse con IA es el análisis de datos. Con la enorme cantidad de datos que generan las empresas hoy en día, analizar y extraer información de estos datos puede ser un proceso laborioso y que requiere mucho tiempo. Los algoritmos de IA pueden entrenarse para analizar grandes conjuntos de datos, identificar patrones y generar informes significativos en una fracción del tiempo que tardaría un analista humano. Por ejemplo, en el sector financiero, la IA puede automatizar el análisis de los estados financieros, los datos de mercado y los indicadores económicos para proporcionar perspectivas y predicciones en tiempo real para las decisiones de inversión. En la atención sanitaria, la IA puede analizar historiales médicos, resultados de laboratorio y ensayos clínicos para permitir diagnósticos más precisos y mejores recomendaciones de tratamiento. Otra tarea que puede automatizarse mediante IA es la creación de contenidos. Escribir contenidos atractivos y persuasivos puede ser un reto para las empresas, especialmente con la demanda de contenidos personalizados y de alta calidad en varios canales. Las herramientas potenciadas por la IA, como la generación de lenguaje natural (NLG), pueden generar texto similar al humano basándose en reglas y algoritmos predefinidos. Esta tecnología puede utilizarse para automatizar la creación de descripciones de productos, entradas de blog, actualizaciones de redes sociales e incluso artículos de noticias. Empresas como The Associated Press ya han adoptado esta tecnología para automatizar la redacción de informes financieros, liberando a los periodistas para que se centren en tareas más de investigación y de valor añadido. La IA también puede automatizar tareas repetitivas y manuales que requieren un alto nivel de precisión. Por ejemplo, en la industria manufacturera, los robots impulsados por IA pueden programarse para realizar complejas tareas de montaje, reduciendo los errores y aumentando la eficacia de la producción. En el sector jurídico, los algoritmos de IA pueden analizar documentos legales, identificar información relevante e incluso recomendar posibles estrategias para un caso, ahorrando a los abogados incontables horas de trabajo manual. La IA puede automatizar la atención al cliente mediante el uso de chatbots. Estos asistentes virtuales pueden entender y responder a las consultas de los clientes, gestionar tareas rutinarias como el procesamiento de devoluciones o el seguimiento de pedidos, e incluso ofrecer recomendaciones personalizadas. La disponibilidad 24/7 y el rápido tiempo de respuesta de los chatbots no sólo mejoran la satisfacción del cliente, sino que también reducen la carga de trabajo de los agentes de atención al cliente. La IA puede automatizar el proceso de análisis de imágenes y vídeos. Con el auge de las redes sociales y las plataformas online, las empresas generan y reciben constantemente grandes cantidades de contenido visual. Los algoritmos impulsados por IA pueden analizar y etiquetar automáticamente imágenes y vídeos, facilitando la organización y búsqueda de contenidos específicos. Esta automatización puede ser especialmente útil en sectores como el comercio electrónico y el marketing, en los que lo visual desempeña un papel crucial para atraer e implicar a los clientes. La IA puede automatizar el proceso de contratación y adquisición de talentos. Tradicionalmente, la contratación de nuevos empleados implica revisar innumerables currículos, programar entrevistas y evaluar a los candidatos en función de sus habilidades y cualificaciones. Las herramientas impulsadas por IA pueden automatizar gran parte de este proceso analizando currículos, llevando a cabo evaluaciones iniciales e incluso prediciendo la idoneidad de un candidato para un puesto concreto basándose en sus experiencias y habilidades anteriores. Esta automatización no sólo ahorra tiempo y esfuerzo, sino que también ayuda a identificar candidatos cualificados de forma más eficaz. La IA tiene potencial para automatizar una amplia gama de tareas en diversos sectores. Desde el análisis de datos a la creación de contenidos, desde la atención al cliente al análisis de imágenes y vídeos, y desde la fabricación a la contratación, la IA puede aumentar la eficacia, reducir los errores y liberar recursos humanos para que se centren en actividades más complejas y de valor añadido. A medida que la tecnología siga evolucionando, las empresas que adopten la automatización mediante IA tendrán una ventaja competitiva en el mundo actual, acelerado e impulsado por los datos.

VENTAJAS DE LA AUTOMATIZACIÓN EN TÉRMINOS DE AHORRO DE TIEMPO Y COSTES

Además de aumentar la productividad y mejorar la precisión, la automatización también ofrece importantes ventajas en términos de ahorro de tiempo y costes. Una de las principales ventajas de utilizar la automatización impulsada por IA en las operaciones empresariales es la capacidad de completar las tareas a un ritmo más rápido que los esfuerzos manuales. Los sistemas de IA son capaces de procesar grandes cantidades de datos en una fracción del tiempo que tardaría un humano en hacerlo. Por ejemplo, cuando se trata del análisis de datos, los algoritmos de aprendizaje automático pueden identificar rápidamente patrones y extraer información valiosa de conjuntos de datos masivos. Esta capacidad de procesar y analizar rápidamente la información permite a las empresas tomar decisiones más informadas en tiempo real, lo que conduce a una mayor eficiencia operativa y, en última instancia, a mayores beneficios. La automatización puede reducir en gran medida los costes asociados a la mano de obra. Con la integración de la IA en diversas funciones empresariales, las empresas tienen la oportunidad de racionalizar su mano de obra y asignar los recursos de forma más eficaz. Al automatizar las tareas repetitivas y mundanas, los empleados pueden centrarse en actividades más estratégicas y de valor añadido que requieren pensamiento crítico y creatividad. Esto no sólo aumenta la satisfacción laboral, sino que también mejora la productividad general de los empleados. La automatización elimina la necesidad de intervención humana en

31

determinados procesos, reduciendo el riesgo de errores y repeticiones. En consecuencia, esto puede suponer un importante ahorro de costes al minimizar los residuos y optimizar la asignación de recursos. La automatización permite a las empresas funcionar 24 horas al día, 7 días a la semana, sin incurrir en costes laborales adicionales. A diferencia de los empleados humanos, que necesitan descansos y pausas, los sistemas de IA pueden trabajar sin descanso, realizando tareas las 24 horas del día. Esta disponibilidad constante garantiza que las operaciones sensibles al tiempo puedan llevarse a cabo con prontitud y eficacia, independientemente de la hora del día. Por ejemplo, los chatbots de atención al cliente impulsados por IA pueden proporcionar asistencia instantánea y resolver consultas en cualquier momento, lo que permite a las empresas ofrecer un servicio de atención al cliente sin fisuras y sin contratar personal adicional para los turnos de noche. Esto no sólo mejora la satisfacción del cliente, sino que también ahorra a las empresas los costes asociados al mantenimiento de una plantilla 24 horas al día, 7 días a la semana. La automatización también puede optimizar la utilización de los recursos, con el consiguiente ahorro de costes. Los sistemas de IA, equipados con algoritmos predictivos, pueden analizar datos históricos y generar previsiones precisas relacionadas con patrones de demanda y oferta. Aprovechando esta información, las empresas pueden optimizar sus procesos de gestión de inventarios. Automatizando el proceso de reposición del inventario, las empresas pueden evitar la falta de existencias y el exceso de inventario, que pueden ser costosos y perjudiciales para la satisfacción del cliente. La automatización también puede ayudar a optimizar la asignación de recursos, garantizando que se asignan los recursos adecuados a las tareas adecuadas en el momento adecuado. Por ejemplo, un software de programación basado en IA puede gestionar eficazmente los turnos de los empleados y asignar recursos en función de las fluctuaciones de la demanda, lo que se traduce en una utilización eficaz de los recursos y un ahorro de costes.

La automatización puede reducir significativamente el tiempo y el esfuerzo necesarios para la introducción de datos y las tareas de gestión de datos. Las herramientas y el software basados en IA pueden analizar, clasificar y organizar los datos con rapidez y precisión. Esto elimina la necesidad de introducir datos manualmente y reduce las posibilidades de errores asociados al procesamiento humano de datos. Al automatizar los procesos de gestión de datos, las empresas pueden acceder a información actualizada y precisa, que desempeña un papel crucial en la toma de decisiones informadas. La automatización también puede ayudar en el análisis de datos proporcionando capacidades analíticas avanzadas. Los sistemas de IA pueden identificar tendencias, patrones y anomalías en los datos que los humanos no pueden detectar. Esto puede permitir a las empresas obtener información valiosa que impulse la toma de decisiones estratégicas y mejore el rendimiento general. Los beneficios de la automatización en términos de ahorro de tiempo y costes son significativos para las empresas. Aprovechando la automatización impulsada por la IA, las empresas pueden completar las tareas más rápidamente, reducir los costes laborales, operar las 24 horas del día, optimizar la utilización de los recursos y agilizar los procesos de gestión de datos. Estas ventajas se traducen en una mayor eficacia operativa, mayor precisión, mayor productividad y, en última instancia, mayor rentabilidad. A medida que la IA siga avanzando, es probable que su papel en el éxito empresarial sea aún más decisivo, por lo que es esencial que las empresas adopten la automatización para seguir siendo competitivas en el mercado actual, en rápida evolución.

B. AGILIZAR LAS OPERACIONES MEDIANTE EL ANÁLISIS PREDICTIVO

Otra forma en que las empresas pueden multiplicar sus resultados es racionalizando las operaciones con la ayuda del análisis predictivo. El análisis predictivo aprovecha los datos históricos y en tiempo real para predecir resultados y tendencias futuros. Utilizando esta técnica, las empresas pueden tomar decisiones más informadas y optimizar sus operaciones para lograr la máxima eficacia. Una de las áreas clave donde puede aplicarse el análisis predictivo es en la previsión de la demanda. Analizando los datos de ventas anteriores y las tendencias del mercado, las empresas pueden predecir con exactitud la demanda futura de los clientes y planificar su producción e inventario en consecuencia. Esto evita la sobreproducción o la falta de existencias, que pueden ocasionar costes innecesarios y la pérdida de oportunidades de venta. El análisis predictivo también puede utilizarse para mejorar la gestión de la cadena de suministro. Analizando los datos relacionados con los proveedores, la logística y otros factores, las empresas pueden identificar posibles cuellos de botella o ineficiencias en su cadena de suministro y tomar medidas proactivas para mitigarlos. Esto garantiza un flujo fluido de mercancías de los proveedores a los clientes, reduciendo los plazos de entrega y aumentando la satisfacción del cliente. La aplicación del análisis predictivo no se limita a la previsión de la demanda y la gestión de la cadena de suministro; también puede utilizarse en otras áreas, como la optimización de precios, la asignación de recursos y la gestión de riesgos. Por ejemplo, analizando el comportamiento de los clientes y las condiciones del mercado, las empresas pueden fijar los precios óptimos de sus productos o servicios para maximizar los ingresos. El análisis predictivo también puede ayudar a determinar la forma más eficaz de asignar recursos entre distintos departamentos o proyectos, garantizando que se utilicen de la forma más productiva. Puede ayudar a identificar posibles riesgos o fraudes detectando patrones o anomalías en los datos que podrían indicar actividades fraudulentas. Al racionalizar las operaciones mediante el análisis predictivo, las empresas pueden conseguir importantes ahorros de costes, mejorar la satisfacción del cliente y aumentar la competitividad en el mercado.

UTILIZACIÓN DE ALGORITMOS DE IA PARA PREVER LA DEMANDA Y OPTIMIZAR LA CADENA DE SUMINISTRO

La utilización de algoritmos de IA para prever la demanda y optimizar la cadena de suministro es otra forma poderosa de multiplicar los resultados empresariales. En el mundo actual, acelerado y globalmente conectado, las empresas se esfuerzan constantemente por satisfacer las demandas de los clientes con eficiencia y eficacia. Prever con precisión la demanda y gestionar la cadena de suministro puede ser complejo y difícil. Aprovechando el poder de los algoritmos de IA, las empresas pueden mejorar sus capacidades de previsión y optimizar sus cadenas de suministro, con la consiguiente mejora de la satisfacción del cliente y una mayor rentabilidad. Los algoritmos de IA pueden analizar grandes cantidades de datos de diversas fuentes, como datos históricos de ventas, tendencias del mercado, sentimiento en las redes sociales e indicadores económicos, para prever la demanda con precisión. Los métodos tradicionales de previsión de la demanda suelen basarse en tendencias históricas y en la intuición, cuya precisión puede ser limitada. Los algoritmos de IA pueden analizar patrones complejos y correlaciones en grandes conjuntos de datos para identificar ideas ocultas y predecir la demanda futura con mayor precisión. Con el análisis predictivo avanzado, las empresas pueden ajustar proactivamente sus niveles de producción e inventario para satisfacer la demanda prevista. Aprovechando los algoritmos de IA, las empresas pueden evitar el exceso de existencias, que puede dar lugar a costosas existencias y obsolescencia, así como la falta de existencias, que provoca pérdidas de ventas y clientes insatisfechos. Los algoritmos de IA pueden proporcionar previsiones de la demanda en tiempo real, lo que permite a las empresas responder rápidamente a los cambios en las preferencias de los clientes y las condiciones del mercado. Optimizar la cadena de suministro es crucial para que las empresas reduzcan costes, mejoren la eficiencia operativa y entreguen los productos a los clientes a tiempo. Los algoritmos de IA pueden analizar diversos factores, como el rendimiento de los proveedores, los costes de transporte, la capacidad de producción y los niveles de inventario, para identificar las configuraciones más eficientes y rentables de la cadena de suministro. Al minimizar los costes de mantenimiento de inventario y los gastos de transporte, las empresas pueden asignar sus recursos de forma más eficaz y maximizar su rentabilidad. Los algoritmos de IA también pueden aprovechar los datos en tiempo real de sensores, etiquetas RFID y otros dispositivos IoT para controlar y seguir el movimiento de las mercancías a lo largo de la cadena de suministro. Esto permite a las empresas identificar cuellos de botella, optimizar las rutas y reducir los plazos de entrega. Por ejemplo, los algoritmos de IA pueden utilizar datos en tiempo real sobre las condiciones del tráfico y los patrones meteorológicos para optimizar la planificación de rutas y minimizar los retrasos en las entregas. Los algoritmos de IA pueden permitir a las empresas evaluar y seleccionar a los proveedores y socios más adecuados en función de diversos criterios, como el precio, la calidad, la fiabilidad y la sostenibilidad. Automatizando el proceso de selección de proveedores, las empresas pueden ahorrar tiempo y recursos, además de asegurarse de que colaboran con socios fiables y de confianza. Además de prever la demanda y optimizar la cadena de suministro, los algoritmos de IA también pueden permitir a las empresas personalizar sus ofertas y mejorar la experiencia del cliente. Analizando grandes cantidades de datos de los clientes, como preferencias, comportamiento de compra e historial de navegación, los algoritmos de IA pueden identificar las necesidades individuales de los clientes y recomendar productos o servicios personalizados. Esto no sólo aumenta la satisfacción del cliente, sino que también mejora los ingresos de la empresa a través de oportunidades de venta cruzada y de upselling. Los algoritmos de IA pueden facilitar la fijación dinámica de precios, permitiendo a las empresas ajustar los precios en tiempo real en función de factores como la demanda, la competencia y la disposición a pagar de los clientes. Aprovechando los algoritmos de IA, las empresas pueden optimizar sus estrategias de precios para maximizar la rentabilidad sin dejar de ser competitivas en el mercado. La utilización de algoritmos de IA para prever la demanda y optimizar la cadena de suministro encierra un inmenso potencial para que las empresas multipliquen sus resultados. Al predecir con exactitud la demanda, las empresas pueden evitar costes de inventario innecesarios y satisfacer las expectativas de los clientes con mayor eficacia. Optimizar la cadena de suministro mediante algoritmos de IA permite a las empresas reducir costes, mejorar la eficacia operativa y garantizar la entrega puntual a los clientes. Los algoritmos de IA pueden personalizar las ofertas, mejorar la experiencia del cliente y permitir la fijación dinámica de precios, impulsando aún más el crecimiento y la rentabilidad de las empresas. A medida que las empresas sigan adoptando las tecnologías de IA, las que aprovechen el poder de los algoritmos de IA en la previsión de la demanda y la optimización de la cadena de suministro obtendrán una ventaja competitiva en el mercado y lograrán resultados empresariales exponenciales.

BENEFICIOS DEL ANÁLISIS PREDICTIVO EN LA REDUCCIÓN DE RESIDUOS Y LA MEJORA DE LA GESTIÓN DE INVENTARIOS

Otro beneficio significativo de la analítica predictiva es su capacidad para reducir el despilfarro y mejorar la gestión del inventario. Analizando los datos históricos, las tendencias del mercado y los patrones de comportamiento de los clientes, las empresas pueden prever con precisión la demanda de sus productos o servicios. Esta capacidad de previsión permite a las empresas optimizar sus niveles de inventario, garantizando que no se queden sin existencias ni tengan un inventario excesivo. Con una mejor gestión del inventario, las empresas pueden reducir el despilfarro minimizando el exceso de existencias y la necesidad de costosas roturas o amortizaciones. Según un estudio realizado por Retail Systems Research (RSR), las empresas que utilizan con éxito el análisis predictivo en sus procesos de gestión de inventario experimentan una reducción del 22% en el inventario agotado. El análisis predictivo también puede ayudar a identificar productos de baja rotación o artículos a punto de caducar, lo que permite a las empresas tomar medidas proactivas, como descuentos o campañas de marketing específicas, para vender estos artículos antes de que se queden obsoletos. Este enfoque proactivo no sólo evita el despilfarro, sino que también aumenta la rentabilidad general. De hecho, un estudio de Gartner descubrió que las organizaciones que aprovechan el análisis predictivo consiguen un aumento de la rentabilidad del

15%. Esta mejora de la gestión del inventario mediante el análisis predictivo no sólo ahorra dinero, sino que también mejora la satisfacción del cliente al garantizar la disponibilidad de los productos cuando y donde se necesitan. Esto, a su vez, puede conducir a una mayor fidelidad de los clientes y a un boca a boca positivo, lo que es crucial en el competitivo panorama empresarial actual. Aprovechar el poder del análisis predictivo en la gestión de inventarios puede tener un impacto significativo en los resultados y la eficiencia operativa de una empresa, por lo que es un imperativo para las empresas en su búsqueda de multiplicar sus resultados con la IA.

C. MEJORAR LA PRODUCTIVIDAD MEDIANTE HERRAMIENTAS Y APLICACIONES POTENCIADAS POR LA IA

Además de agilizar los procesos empresariales, las herramientas y aplicaciones potenciadas por la IA tienen el potencial de mejorar enormemente la productividad en diversos ámbitos. Uno de esos ámbitos en los que puede aprovecharse la IA es el servicio y la atención al cliente. Los chatbots impulsados por IA están revolucionando las interacciones con los clientes, proporcionando respuestas rápidas y personalizadas a las consultas y resolviendo los problemas con eficacia. Estos chatbots son capaces de analizar rápidamente las consultas de los clientes y proporcionarles información o asistencia relevante. Al reducir el tiempo de espera de los clientes y garantizar una disponibilidad constante, los chatbots con IA mejoran la satisfacción del cliente y permiten a las empresas gestionar grandes volúmenes de interacciones de clientes simultáneamente. La IA puede utilizarse para automatizar tareas repetitivas y mundanas, permitiendo a los empleados centrarse en actividades más complejas y de valor añadido. Por ejemplo, la introducción y el análisis de datos pueden automatizarse mediante algoritmos de IA, ahorrando tiempo y esfuerzo a los empleados que manejan grandes conjuntos de datos. Del mismo modo, en el sector sanitario, las herramientas basadas en IA pueden ayudar a agilizar los procesos de diagnóstico y ayudar a los profesionales médicos a tomar decisiones precisas y oportunas. Analizando grandes cantidades de datos de pacientes e historiales médicos, los algoritmos de IA pueden identificar patrones y ayudar a los médicos a diagnosticar enfermedades y sugerir tratamientos adecuados. De este modo, las herramientas de IA mejoran tanto la eficiencia como la eficacia de los servicios sanitarios, lo que en última instancia se traduce en mejores resultados para los pacientes. Las herramientas impulsadas por la IA están facilitando los avances en investigación y desarrollo al acelerar el análisis de datos y los procesos de toma de decisiones. Por ejemplo, en el descubrimiento de fármacos, los algoritmos de IA pueden analizar eficazmente grandes conjuntos de datos químicos y biológicos para identificar posibles candidatos a fármacos, reduciendo significativamente el tiempo y el coste que conlleva el desarrollo de nuevos productos farmacéuticos. Del mismo modo, en el campo de la ciencia de los materiales, las herramientas impulsadas por la IA pueden ayudar a predecir y diseñar nuevos materiales con las propiedades deseadas, contribuyendo a las innovaciones en diversas industrias como la electrónica, la aeroespacial y la de energías renovables. La IA puede mejorar la productividad en el ámbito del marketing y la publicidad. Las herramientas basadas en IA pueden analizar grandes cantidades de datos de clientes para identificar tendencias, preferencias y pautas de compra, permitiendo a las empresas adaptar sus estrategias de marketing en consecuencia. Al ofrecer anuncios y recomendaciones personalizados a los clientes, las empresas pueden mejorar significativamente su ROI de marketing y aumentar las tasas de conversión. Las herramientas basadas en IA también pueden automatizar el proceso de creación y optimización de campañas publicitarias, ahorrando tiempo y esfuerzo a los profesionales del marketing. Esto les permite centrarse en la planificación estratégica y las tareas creativas, mejorando así la productividad y la eficacia de las actividades de marketing. Las herramientas y aplicaciones impulsadas por la IA están transformando el sector educativo al permitir experiencias de aprendizaje personalizadas y adaptables. Los algoritmos de IA pueden analizar el rendimiento y las preferencias de aprendizaje de los estudiantes para ofrecerles recomendaciones y comentarios a medida, mejorando sus resultados de aprendizaje. Los chatbots de IA pueden ayudar a los alumnos con los deberes, responder preguntas y facilitar debates, proporcionando un recurso adicional para el aprendizaje fuera del aula. La IA puede agilizar las tareas administrativas en los centros educativos, como la calificación de los trabajos y la gestión de los expedientes de los alumnos, liberando así un tiempo valioso para que los profesores se centren en la enseñanza y el apoyo a los alumnos. Las herramientas y aplicaciones impulsadas por la IA están revolucionando varios aspectos de los negocios y la sociedad, mejorando la productividad, la eficiencia y la innovación. Desde el servicio y la atención al cliente hasta la atención sanitaria, la investigación y el desarrollo, el marketing y la publicidad, y la educación, la IA está transformando numerosos ámbitos mediante la automatización de tareas, el análisis de grandes cantidades de datos y la mejora de la capacidad de toma de decisiones. Las empresas e instituciones que adoptan la IA y aprovechan su potencial pueden obtener una ventaja competitiva en el mundo actual, acelerado e impulsado por los datos. Aunque la IA no está exenta de retos y consideraciones, no puede pasarse por alto su poder transformador para mejorar la productividad y multiplicar los resultados empresariales.

EJEMPLOS DE HERRAMIENTAS DE IA QUE PUEDEN MEJORAR LA PRODUCTIVIDAD EN DISTINTAS FUNCIONES EMPRESARIALES

Además de agilizar la atención al cliente e impulsar las ventas, las herramientas de IA tienen el potencial de mejorar enormemente la productividad en diversas funciones empresariales. Un ejemplo es la implantación de chatbots en recursos humanos. Tradicionalmente, los departamentos de RRHH dedicaban mucho tiempo a gestionar las consultas rutinarias de los empleados, como preguntas sobre días de vacaciones, prestaciones o el estado de una solicitud de empleo. Aprovechando los chatbots con IA, los profesionales de RRHH pueden automatizar estas tareas, liberando su tiempo para centrarse en iniciativas más estratégicas. Estos chatbots están diseñados para comprender el lenguaje natural y proporcionar respuestas precisas, permitiendo a los empleados obtener rápidamente la información que necesitan. Las herramientas de IA pueden emplearse en el proceso de contratación para ayudar en la selección de currículos y las evaluaciones iniciales de los candidatos. Esto no sólo ahorra tiempo, sino que también reduce los prejuicios en el proceso de contratación, garantizando una selección justa y eficaz de los candidatos. Las herramientas de IA pueden utilizarse en los departamentos de finanzas y contabilidad para mejorar la productividad. Por ejemplo, los algoritmos de aprendizaje automático pueden automatizar el proceso de introducción de datos, conciliación o incluso detección de anomalías en los estados financieros, reduciendo así los errores humanos y aumentando la eficiencia. El análisis predictivo impulsado por la IA puede proporcionar información valiosa para la previsión financiera y la evaluación de riesgos, ayudando a los procesos de toma de decisiones. Esto permite a los profesionales de las finanzas asignar su tiempo y recursos de forma más eficiente, centrándose en la planificación financiera estratégica en lugar de en tareas mundanas. Las herramientas de IA pueden aplicarse a la gestión de la cadena de suministro para optimizar la planificación del inventario y reducir las ineficiencias logísticas. Analizando los datos históricos, los algoritmos de IA pueden predecir patrones de demanda con precisión, permitiendo a las empresas mantener niveles óptimos de existencias y evitar situaciones de desabastecimiento o exceso de existencias. Las herramientas de IA pueden mejorar la planificación de las rutas de transporte, teniendo en cuenta factores como las condiciones del tráfico, el tiempo y la eficiencia del combustible, lo que se traduce en una reducción de los plazos y costes de entrega. Los sistemas de recomendación basados en IA pueden emplearse en funciones de marketing para mejorar la captación de clientes. Por ejemplo, analizando las preferencias y comportamientos de los clientes, los algoritmos de IA pueden generar recomendaciones de productos personalizadas, garantizando una experiencia de usuario a medida. Las herramientas de IA pueden segmentar automáticamente a los clientes en función de sus características demográficas, hábitos de compra o respuestas a las campañas de marketing, lo que permite a los profesionales del marketing dirigirse a grupos específicos de clientes y asignar sus recursos de forma eficaz. El análisis de sentimientos basado en IA puede monitorizar las plataformas de medios sociales para medir el sentimiento de los clientes hacia una marca o un producto, lo que permite a los profesionales del marketing adaptar sus estrategias en consecuencia. Otro ámbito en el que la IA puede mejorar la productividad es el de la gestión de proyectos. Aprovechando las herramientas de IA, los gestores de proyectos pueden automatizar tareas repetitivas, como la programación, la asignación de recursos o el seguimiento del progreso. Esto no sólo ahorra tiempo, sino que también reduce el riesgo de error humano. Los algoritmos de IA pueden analizar los datos del proyecto para proporcionar información sobre posibles cuellos de botella o áreas de mejora, lo que permite a los gestores de proyectos tomar decisiones basadas en datos. Las herramientas de IA pueden mejorar la colaboración dentro de los equipos de proyecto proporcionando comunicación en tiempo real y capacidades para compartir documentos, permitiendo así una colaboración sin fisuras en diferentes lugares y zonas horarias. Los departamentos jurídicos pueden aprovechar las herramientas de IA para mejorar la productividad. Por ejemplo, un software basado en IA puede revisar y analizar contratos legales, identificando riesgos potenciales, desviaciones de los términos estándar o cláusulas omitidas. Esto reduce el tiempo y el esfuerzo que necesitan los profesionales jurídicos para revisar manualmente los contratos, lo que les permite centrarse en tareas de mayor valor. El análisis predictivo potenciado por IA puede evaluar la probabilidad de éxito en casos legales, ayudando en los procesos de toma de decisiones. Las herramientas de IA pueden ayudar en la investigación jurídica, curando y analizando automáticamente grandes cantidades de documentación jurídica para proporcionar información relevante a los profesionales del derecho. Las herramientas de IA tienen el potencial de revolucionar varias funciones empresariales y mejorar significativamente la productividad. Ya sea mediante la utilización de chatbots en recursos humanos, la automatización en finanzas y contabilidad, la optimizac ón en la gestión de la cadena de suministro, la personalización en marketing, la racionalización de la gestión de proyectos o la mejora de la eficiencia en los departamentos jurídicos, la IA puede aumentar las capacidades de los profesionales y permitirles centrarse en tareas más estratégicas y de valor añadido. A medida que la tecnología sigue avanzando, es probable que las empresas que aprovechen el poder de las herramientas de IA cbtengan una ventaja competitiva en el mercado actual, en rápida evolución.

VENTAJAS DEL USO DE HERRAMIENTAS DE IA EN TÉRMINOS DE MAYOR EFICACIA Y PRECISIÓN

El uso de herramientas de IA ofrece importantes ventajas en términos de mayor eficacia y precisión. Las tecnologías de IA están diseñadas para realizar tareas con un mayor nivel de precisión y velocidad que los humanos, lo que se traduce en una mejora de la eficacia general. Por ejemplo, en el campo de la atención al cliente, los chatbots con IA pueden responder en tiempo real a las consultas de los clientes, ayudándoles a resolver sus problemas con rapidez. Esto no sólo ahorra tiempo, sino que también garantiza la satisfacción del cliente al proporcionar soluciones rápidas y precisas. Las herramientas de IA pueden manejar grandes cantidades de datos con rapidez y precisión, permitiendo a las empresas procesar y analizar la información de forma más eficiente. Por ejemplo, los algoritmos de IA pueden analizar los datos de ventas para identificar pautas y tendencias, lo que permite a las empresas tomar decisiones informadas sobre la gestión del inventario y las estrategias de marketing. Esto no sólo ahorra tiempo, sino que también puede suponer un ahorro de costes y un aumento de la rentabilidad. En el sector sanitario, las herramientas de IA pueden mejorar la precisión ayudando en el diagnóstico de enfermedades. Los algoritmos de IA pueden analizar imágenes médicas como radiografías y resonancias magnéticas, ayudando a los médicos a detectar anomalías con mayor precisión y reduciendo las posibilidades de diagnósticos erróneos. Esto puede conducir a tratamientos más eficaces y a mejores resultados para los pacientes. Las herramientas de IA pueden automatizar tareas repetitivas, liberando recursos humanos para que se centren en actividades más complejas y estratégicas. Por ejemplo, en el campo de la contabilidad, el software basado en IA puede automatizar la introducción de datos y el procesamiento de facturas, eliminando la necesidad de trabajo manual y reduciendo las posibilidades de error humano. Esto no sólo ahorra tiempo, sino que también aumenta la precisión y reduce el riesgo de discrepancias financieras. Las herramientas de IA pueden ayudar a racionalizar los flujos de trabajo identificando los cuellos de botella y sugiriendo estrategias de optimización. Mediante el análisis de datos y patrones, los algoritmos de IA pueden identificar áreas que requieren mejoras y proponer soluciones para aumentar la eficiencia. Esto puede ayudar a las empresas a identificar áreas de mejora y tomar decisiones informadas para agilizar las operaciones y maximizar la productividad. Las herramientas de IA pueden proporcionar experiencias personalizadas a los clientes, mejorando aún más la eficiencia. Analizando los datos y preferencias de los clientes, los algoritmos de IA pueden ofrecer recomendaciones y sugerencias a medida, mejorando la experiencia del cliente y aumentando la probabilidad de que repita. Por ejemplo, las plataformas de comercio electrónico pueden utilizar motores de recomendación impulsados por IA para sugerir productos basados en el historial de navegación y las preferencias del cliente, aumentando las posibilidades de compra. Esto no sólo mejora la eficiencia al reducir el tiempo dedicado a buscar los productos deseados, sino que también aumenta la satisfacción del cliente al proporcionarle recomendaciones personalizadas. El uso de herramientas de IA ofrece ventajas significativas en términos de mayor eficacia y precisión. Estas tecnologías son capaces de realizar tareas con precisión y rapidez, ahorrando tiempo y garantizando resultados exactos. Desde la atención al cliente hasta el análisis de datos, las herramientas de IA pueden manejar grandes cantidades de datos con rapidez y precisión, lo que permite tomar decisiones más eficientes y ahorrar costes. En diversos sectores, como la sanidad y la contabilidad, las herramientas de IA pueden mejorar la precisión ayudando en el diagnóstico de enfermedades y automatizando tareas repetitivas. Las herramientas de IA pueden agilizar los flujos de trabajo identificando los cuellos de botella y sugiriendo estrategias de optimización, lo que conduce a una mayor eficiencia y un aumento de la productividad. Las herramientas de IA pueden proporcionar experiencias personalizadas a los clientes, mejorando la experiencia general del cliente y aumentando la probabilidad de que repita. Con estas ventajas, las empresas pueden aprovechar las herramientas de IA para multiplicar sus resultados y obtener una ventaja competitiva en el mundo actual, acelerado e impulsado por los datos. Una de las formas más significativas de multiplicar los resultados empresariales con la IA es mejorar la experiencia del cliente. Las tecnologías de IA tienen la capacidad de analizar grandes cantidades de datos y ofrecer recomendaciones y soluciones personalizadas a cada cliente. Este nivel de personalización crea un viaje del cliente fluido y atractivo, que conduce a una mayor satisfacción y fidelidad del cliente. Por ejemplo, las empresas pueden aprovechar los chatbots con IA para ofrecer atención al cliente 24 horas al día, 7 días a la semana, garantizando respuestas puntuales y precisas a las consultas de los clientes. Estos chatbots pueden gestionar consultas básicas de los clientes, liberando a los representantes humanos de atención al cliente para que se centren en cuestiones más complejas. La IA puede utilizarse para crear asistentes virtuales de compras que adapten las recomendaciones de productos a las preferencias individuales de los clientes y a su historial de compras. Esto no sólo agiliza el proceso de compra, sino que también aumenta la probabilidad de que se repitan las compras y las oportunidades de venta. La IA puede mejorar significativamente la eficiencia y eficacia de las campañas de marketing y publicidad. Las estrategias de marketing tradicionales suelen basarse en el análisis manual y la intuición. Con el poder de la IA, las empresas pueden obtener información valiosa sobre el comportamiento y las preferencias de los consumidores, lo que les permite optimizar sus esfuerzos de marketing. Los algoritmos de IA pueden analizar grandes volúmenes de datos de los clientes, como el historial de navegación, la actividad en las redes sociales y los patrones de compra, para desarrollar un conocimiento exhaustivo de cada cliente. Esta información puede utilizarse para ofrecer campañas de marketing específicas y relevantes. Por ejemplo, la IA puede segmentar a los clientes en función de sus preferencias y crear campañas de correo electrónico personalizadas o anuncios en las redes sociales adaptados a cada grupo. Este enfoque específico no sólo aumenta la probabilidad de compromiso del cliente, sino que también mejora el rendimiento de la inversión en iniciativas de marketing. Además de la experiencia del cliente y el marketing, la IA también puede aplicarse a varios aspectos operativos de una empresa, lo que aumenta la eficiencia y ahorra costes. La automatización impulsada por la IA puede agilizar las tareas repetitivas y que consumen mucho tiempo, liberando a los empleados para que se centren en actividades de mayor valor. Por ejemplo, la IA puede automatizar las tareas de introducción y procesamiento de datos, reduciendo el riesgo de error humano y aumentando la eficiencia operativa. La IA puede utilizarse para optimizar la gestión de inventarios y las operaciones de la cadena de suministro. Analizando los datos históricos, la demanda del mercado en tiempo real y factores externos como las condiciones meteorológicas o las tendencias económicas, los algoritmos de IA pueden prever con precisión la demanda y recomendar niveles óptimos de inventario. Esto puede ayudar a las empresas a evitar el exceso o la falta de existencias, reduciendo los costes asociados a la gestión del inventario. Otro ámbito en el que la IA puede tener un impacto significativo es la evaluación de riesgos y la detección del fraude. Al analizar grandes cantidades de datos, los algoritmos de IA pueden identificar patrones y anomalías que pueden indicar actividades fraudulentas. Esto puede ayudar a las empresas a detectar y prevenir transacciones fraudulentas, reduciendo las pérdidas financieras y protegiendo su reputación. La IA también puede utilizarse para evaluar los riesgos asociados a diversas decisiones empresariales, como inversiones o asociaciones. Analizando los datos históricos y las tendencias del mercado, la IA puede proporcionar ideas y recomendaciones para orientar los procesos de toma de decisiones, minimizando los riesgos y maximizando las oportunidades. La IA también puede facilitar los procesos de toma de decisiones basados en datos, proporcionando ideas y recomendaciones basadas en el análisis de datos. Mediante el análisis predictivo, los algoritmos de IA pueden analizar datos históricos e identificar tendencias o patrones que pueden informar la toma de decisiones. Por ejemplo, la IA puede analizar los datos de ventas y las tendencias del mercado para predecir la demanda futura, ayudando a las empresas a tomar decisiones informadas sobre los niveles de producción e inventario. La IA también puede utilizarse para optimizar las estrategias de precios analizando el comportamiento de los clientes y la dinámica del mercado. Esto puede ayudar a las empresas a maximizar los ingresos y los beneficios ajustando dinámicamente los precios en función de la elasticidad de la demanda. La IA puede multiplicar los resultados empresariales de muchas maneras. La mejora de la experiencia del cliente, la mejora de las campañas de marketing y publicidad, la eficiencia operativa, la evaluación de riesgos y detección de fraudes, y la toma de decisiones basada en datos son sólo algunos ejemplos de cómo la IA puede impulsar el crecimiento y el éxito de las empresas. A medida que las empresas sigan adoptando e integrando las tecnologías de IA en sus operaciones, desbloquearán sin duda nuevas oportunidades para mejorar el rendimiento, aumentar la competitividad y lograr un crecimiento sostenible. Adoptar la IA como herramienta estratégica es crucial para que las empresas se mantengan a la cabeza en el mercado actual, en rápida evolución.

III. OPTIMIZAR LA TOMA DE DECISIONES

En el acelerado y competitivo entorno empresarial actual, tomar decisiones eficaces es crucial para el éxito y el crecimiento de una organización. Con los avances de la tecnología de inteligencia artificial (IA), las empresas tienen ahora acceso a una poderosa herramienta que puede optimizar los procesos de toma de decisiones. La IA puede ayudar a los responsables de la toma de decisiones proporcionándoles información valiosa, automatizando tareas rutinarias y permitiendo la toma de decisiones basada en datos. Una forma en que la IA puede optimizar la toma de decisiones es proporcionándoles información valiosa. Los algoritmos de IA pueden analizar grandes cantidades de datos y extraer pautas y tendencias significativas que, de otro modo, podrían pasar desapercibidas. Esto permite a los responsables tomar decisiones fundamentadas basadas en información precisa y en tiempo real. Por ejemplo, la IA puede analizar los datos de los clientes para identificar tendencias y preferencias, lo que permite a las empresas adaptar sus estrategias y ofertas de marketing en consecuencia. Al aprovechar la información generada por la IA, los responsables de la toma de decisiones pueden tomar decisiones más estratégicas y específicas, lo que mejora los resultados empresariales. Otra forma en que la IA puede optimizar la toma de decisiones es automatizando las tareas rutinarias y repetitivas. Muchas decisiones empresariales implican tareas mundanas que pueden llevar mucho tiempo y ser propensas a errores. Al automatizar estas tareas mediante tecno-logías de IA, los responsables de la toma de decisiones pueden ahorrar tiempo y recursos valiosos, lo que les permite centrarse en actividades más estratégicas y de valor añadido. Por ejem-plo, los chatbots con IA pueden gestionar las consultas de los clientes y ofrecer recomendaciones personalizadas, reduciendo la necesidad de intervención humana y agilizando el proceso de toma de decisiones. Al automatizar las tareas rutinarias, la IA permite que los responsables de la toma de decisiones dediquen su tiempo y energía a tareas decisivas, mejorando en última instancia la productividad y la eficiencia de la empresa. La IA permite tomar decisiones basadas en datos, lo que puede opti-mizar significativamente los procesos de toma de decisiones. En la actual economía basada en los datos, las organizaciones re-copilan y generan cantidades ingentes de datos cada día. Las tecnologías de IA pueden procesar y analizar estos datos, pro-porcionando a los responsables de la toma de decisiones infor-mación valiosa y recomendaciones prácticas. Aprovechando la IA, los responsables de la toma de decisiones pueden basar sus decisiones en información objetiva y basada en pruebas, en lu-gar de basarse en la intuición o en prejuicios personales. Este enfoque basado en datos mejora la precisión y fiabilidad de la toma de decisiones, lo que conduce a mejores resultados y mi-nimiza los riesgos asociados a la toma de decisiones subjetiva. La IA puede optimizar la toma de decisiones permitiendo el mo-delado predictivo y la planificación de escenarios. Los algorit-mos de IA pueden analizar datos históricos e identificar patro-nes y correlaciones que pueden utilizarse para hacer prediccio-nes sobre escenarios futuros. Los responsables de la toma de decisiones pueden utilizar estos modelos predictivos para evaluar el impacto potencial de sus decisiones y valorar distintos escenarios antes de ponerlos en práctica. Esto permite a los responsables anticiparse a los riesgos, evaluar los posibles resultados y tomar decisiones más informadas. Por ejemplo, los algoritmos de IA pueden predecir la demanda de los clientes, lo que permite a las empresas optimizar sus niveles de inventario y mejorar la gestión de la cadena de suministro. Al permitir el modelado predictivo y la planificación de escenarios, la IA capacita a los responsables de la toma de decisiones para tomar decisiones proactivas en lugar de reactivas, mejorando la agilidad y la resistencia de las empresas. La IA puede optimizar la toma de decisiones facilitando los procesos colaborativos de toma de decisiones. Con el aumento del trabajo a distancia y las organizaciones globales, los procesos de toma de decisiones se han vuelto más complejos y dispersos. Las tecnologías de IA pueden salvar las distancias entre los responsables de la toma de decisiones proporcionando plataformas de colaboración y comunicación en tiempo real. Los responsables de la toma de decisiones pueden acceder a los datos y analizarlos, intercambiar ideas y llegar a un consenso de forma más eficaz, independientemente de su ubicación física. Al facilitar la toma de decisiones en colaboración, la IA promueve la transparencia, la inclusión y la inteligencia colectiva, lo que conduce a mejores resultados en las decisiones y fomenta una cultura de colaboración en las organizaciones. Las tecnologías de IA ofrecen un potencial significativo para optimizar los procesos de toma de decisiones en las empresas. Al proporcionar información valiosa, automatizar las tareas rutinarias, permitir la toma de decisiones basada en datos, facilitar el modelado predictivo y la planificación de escenarios, y apoyar la toma de decisiones colaborativa, la IA capacita a los responsables de la toma de decisiones para tomar decisiones más informadas, precisas y estratégicas. A medida que las empresas se esfuerzan por seguir siendo competitivas y ágiles en un panorama en constante cambio, aprovechar el poder de la IA para optimizar los procesos de toma de decisiones es cada vez más crítico. Aprovechando eficazmente las tecnologías de IA, las empresas pueden multiplicar sus resultados e impulsar un crecimiento sostenible en la era digital.

A. APROVECHAR LA IA PARA LA TOMA DE DECISIONES BASADA EN DATOS

Al aprovechar la IA para la toma de decisiones basada en datos, las empresas pueden experimentar una multitud de beneficios que, en última instancia, conducen a resultados amplificados. Una ventaja significativa es la capacidad de extraer información valiosa de grandes cantidades de datos. La tecnología de IA tiene la capacidad de procesar y analizar grandes conjuntos de datos con rapidez y eficacia, descubriendo pautas y tendencias que pueden no ser evidentes para los analistas humanos. Esto permite a las empresas tomar decisiones más informadas, ya que pueden basar sus estrategias en pruebas y no en corazonadas. La IA puede ayudar a identificar correlaciones y relaciones causales que de otro modo podrían haber pasado desapercibidas, lo que permite a las empresas aplicar intervenciones y optimizaciones específicas. Por ejemplo, una empresa de comercio electrónico podría aprovechar la IA para analizar el comportamiento de navegación y compra de los clientes, identificando qué productos se compran juntos con frecuencia. Esta información podría utilizarse para optimizar las recomendaciones de productos, adaptándolas a cada cliente y, en última instancia, aumentando las ventas. Otra ventaja de aprovechar la IA para la toma de decisiones basada en datos es la capacidad de automatizar los procesos de toma de decisiones. Entrenando modelos de IA con datos históricos y comentarios de los clientes, las empresas pueden desarrollar algoritmos que tomen decisiones inteligentes con una intervención humana mínima. Esto no sólo ahorra tiempo y recursos, sino que también garantiza la coherencia y reduce la posibilidad de error humano. Por ejemplo, una empresa de fabricación podría entrenar un modelo de IA para identificar posibles defectos en los productos basándose en el análisis de imágenes. Esto permitiría a la empresa automatizar el proceso de control de calidad, reduciendo significativamente la necesidad de inspecciones manuales y mejorando la calidad general del producto. La IA tiene el potencial de mejorar la velocidad y la precisión de la toma de decisiones. Los procesos tradicionales de toma de decisiones pueden llevar mucho tiempo, ya que a menudo requieren una amplia investigación, análisis y deliberación. Las herramientas de análisis basadas en IA pueden procesar eficazmente grandes cantidades de datos y generar ideas en tiempo real. Esto permite a las empresas adaptarse rápidamente a las condiciones cambiantes del mercado y tomar decisiones oportunas que pueden darles una ventaja competitiva. Por ejemplo, una institución financiera podría aprovechar la IA para analizar las tendencias del mercado y los datos de los clientes, lo que le permitiría tomar decisiones comerciales en tiempo real y aprovechar las oportunidades rentables. Aprovechar la IA para la toma de decisiones basada en datos puede conducir a una mayor innovación y creatividad. Al analizar grandes conjuntos de datos y descubrir ideas ocultas, la IA puede ofrecer a las empresas una perspectiva nueva que estimule nuevas ideas y soluciones. Esto es especialmente valioso en sectores que requieren innovación y adaptación continuas. Por ejemplo, una agencia de publicidad podría aprovechar la IA para analizar los sentimientos y preferencias de los consumidores, ayudándoles a desarrollar campañas de marketing más eficaces y atractivas. La información que proporciona la IA puede ayudar a las empresas a identificar oportunidades sin explotar, comprender las necesidades de los clientes y desarrollar productos y servicios innovadores. Aprovechar la IA para tomar decisiones basadas en datos proporciona a las empresas una amplia gama de ventajas que sirven para multiplicar sus resultados. Desde la extracción de información valiosa de grandes conjuntos de datos hasta la automatización de los procesos de toma de decisiones, la IA ofrece multitud de ventajas que pueden mejorar enormemente el rendimiento empresarial. Al aprovechar la IA, las empresas pueden tomar decisiones más informadas, basadas en pruebas y no en la intuición, lo que conduce a estrategias optimizadas y a una mayor competitividad. La IA puede agilizar la toma de decisiones, mejorar la precisión y fomentar la innovación, lo que la convierte en una herramienta inestimable para las empresas de diversos sectores. A medida que aumentan la potencia y la sofisticación de la tecnología de IA, está claro que su papel en el éxito empresarial será cada vez más crucial en el futuro.

LA CAPACIDAD DE LA IA PARA PROCESAR Y ANALIZAR GRANDES CONJUNTOS DE DATOS

La capacidad de la IA para procesar y analizar grandes conjuntos de datos ha revolucionado la forma en que las empresas operan y toman decisiones informadas. Con el crecimiento exponencial de la información digital, las organizaciones se enfrentan constantemente a una cantidad aparentemente insuperable de datos que hay que cribar y analizar. En el pasado, este proceso llevaba mucho tiempo y requería una amplia intervención humana. La IA ha cambiado las reglas del juego en este sentido. Aprovechando la potencia de los algoritmos de aprendizaje automático y las técnicas avanzadas de análisis de datos, la IA puede procesar y dar sentido a cantidades ingentes de datos en una fracción del tiempo que tardaría un ser humano.

Una de las principales ventajas de la IA en el procesamiento de grandes conjuntos de datos es su velocidad y eficacia. Los algoritmos impulsados por IA pueden escanear rápidamente millones, o incluso miles de millones, de puntos de datos en cuestión de segundos. Esto permite a las empresas extraer información y pautas valiosas que, de otro modo, sería imposible detectar manualmente. Con la IA, las organizaciones pueden identificar rápidamente tendencias, anomalías y correlaciones ocultas que podrían hacer o deshacer sus estrategias empresariales. Esta velocidad y eficacia no sólo ahorran un tiempo valioso, sino que también garantizan que las empresas puedan tomar decisiones en tiempo real basadas en la información más actualizada.

La capacidad de la IA para procesar grandes conjuntos de datos también aumenta la exactitud y precisión del análisis de datos. Los humanos somos propensos a errores, sesgos y limitaciones cuando se trata de analizar grandes cantidades de datos. Nuestras capacidades cognitivas simplemente no están equipadas para manejar las complejidades y complejidades de los conjuntos de datos masivos. La IA, en cambio, elimina estas limitaciones. Puede analizar los datos de forma objetiva y coherente, garantizando que las percepciones derivadas sean imparciales y estén libres de errores humanos. Esta mayor precisión en el análisis de datos permite a las empresas tomar decisiones informadas basadas en información fiable y precisa, lo que conduce a mejores resultados empresariales.

Otra ventaja significativa de la IA en el procesamiento de grandes conjuntos de datos es su capacidad para identificar patrones y tendencias que los humanos pueden pasar por alto. Los humanos están limitados por sus sesgos cognitivos, así como por su incapacidad para procesar datos a la misma escala y velocidad que los algoritmos de IA. Los algoritmos de IA destacan en la detección de pautas y tendencias matizadas dentro de conjuntos de datos masivos que pueden no ser evidentes de inmediato para los humanos. Esta capacidad abre nuevas oportunidades para que las empresas aprovechen las tendencias emergentes, detecten los cambios del mercado y obtengan una ventaja competitiva. Aprovechando las capacidades analíticas de la IA, las empresas pueden descubrir perspectivas ocultas y tomar decisiones basadas en datos que mejoren su rendimiento general y su cuenta de resultados. La capacidad de la IA para procesar grandes conjuntos de datos también permite a las empresas personalizar y adaptar sus ofertas a cada cliente. En la economía actual, impulsada por los datos, las empresas recopilan constantemente grandes cantidades de datos de clientes procedentes de diversas fuentes, como las redes sociales, los hábitos de navegación por Internet y el historial de compras. Analizar manualmente estos datos para obtener información procesable para campañas de marketing personalizadas puede ser una tarea casi imposible. Los algoritmos de IA, en cambio, pueden procesar y analizar sin problemas este enorme caudal de datos de clientes, permitiendo a las empresas comprender a sus clientes a un nivel mucho más profundo. Con esta comprensión, las empresas pueden crear estrategias de marketing altamente personalizadas y dirigidas que resuenen con los clientes individuales, lo que conduce a una mayor satisfacción del cliente y a un aumento de las ventas. La capacidad de la IA para procesar grandes conjuntos de datos también desempeña un papel crucial en la mejora de la eficiencia y la productividad generales de las empresas. Al automatizar los procesos de análisis de datos, la IA elimina la necesidad de intervención manual y agiliza los flujos de trabajo. Esto libera valiosos recursos humanos, permitiéndoles centrarse en tareas complejas que requieren capacidades cognitivas de mayor nivel. La IA puede aprender continuamente y mejorar sus capacidades analíticas con el tiempo. A medida que procesa más y más datos, puede identificar patrones, optimizar procesos y hacer recomendaciones basadas en datos que mejoren aún más la eficiencia empresarial. De este modo, la IA se convierte en un activo valioso para las empresas que buscan multiplicar sus resultados maximizando la productividad y agilizando las operaciones. La capacidad de la IA para procesar y analizar grandes conjuntos de datos ha transformado la forma en que las empresas operan y toman decisiones informadas. Con su velocidad, precisión, capacidad para identificar patrones, personalizar ofertas y mejorar la eficiencia general, la IA se ha convertido en una herramienta indispensable para las empresas de diversos sectores. Aprovechando el poder de la IA, las organizaciones pueden desvelar información valiosa oculta en conjuntos de datos masivos, lo que les permite tomar decisiones basadas en datos que multiplican sus resultados empresariales. A medida que la era digital siga generando grandes cantidades de datos, el papel de la IA en su procesamiento y análisis será cada vez más decisivo para garantizar el éxito empresarial en el futuro.

BENEFICIOS DE LA TOMA DE DECISIONES BASADA EN DATOS EN TÉRMINOS DE MAYOR PRECISIÓN Y VENTAJA ESTRATÉGICA

La toma de decisiones basada en datos se ha convertido cada vez más en un aspecto crucial de la estrategia empresarial, ya que ofrece numerosas ventajas en términos de mayor precisión y ventaja estratégica. Una ventaja clave de la toma de decisiones basada en datos es su capacidad para mejorar la precisión. Al utilizar datos para tomar decisiones informadas, las empresas pueden minimizar el riesgo de basar sus elecciones en pruebas anecdóticas o prejuicios personales. Esto es especialmente importante en entornos empresariales complejos, donde las decisiones suelen estar influidas por numerosos factores y variables. Con la toma de decisiones basada en datos, las empresas pueden basarse en pruebas concretas y análisis estadísticos para tomar decisiones que tengan más probabilidades de producir resultados positivos. Esta mayor precisión no sólo mejora el propio proceso de toma de decisiones, sino que también contribuye a lograr los resultados empresariales deseados.

La toma de decisiones basada en datos proporciona a las empresas una ventaja estratégica. En el panorama empresarial actual, altamente competitivo, la toma de decisiones estratégicas desempeña un papel crucial para determinar el éxito o el fracaso de una organización. Al utilizar los datos para fundamentar las decisiones estratégicas, las empresas pueden comprender mejor las tendencias del mercado, el comportamiento de los consumidores y la dinámica del sector. Esto les permite identificar oportunidades y riesgos potenciales, permitiéndoles adaptar sus estrategias en consecuencia. Por ejemplo, mediante el análisis de datos, las empresas pueden identificar las tendencias emergentes del mercado o los cambios en las preferencias de los clientes, lo que les permite responder de forma proactiva y obtener una ventaja competitiva. La toma de decisiones basada en datos permite a las empresas evaluar la eficacia de sus estrategias y hacer los ajustes necesarios en tiempo real, asegurándose de mantenerse por delante de la competencia.

La toma de decisiones basada en datos fomenta la eficacia y la rentabilidad. Los procesos tradicionales de toma de decisiones suelen basarse en el instinto visceral y en una información limitada, lo que puede conducir a una asignación ineficiente de los recursos y a gastos innecesarios. En cambio, la toma de decisiones basada en datos permite a las empresas optimizar la asignación de recursos y racionalizar las operaciones. Analizando los datos, las empresas pueden identificar áreas de ineficiencia, como cuellos de botella en los procesos de producción o campañas de marketing de bajo rendimiento, lo que les permite tomar decisiones informadas sobre cómo rectificar estos problemas. Este uso eficiente de los recursos no sólo reduce los costes, sino que también mejora la eficacia operativa general. Por ejemplo, utilizando los datos para optimizar la gestión de la cadena de suministro, las empresas pueden reducir los costes de inventario, mejorar los plazos de entrega y aumentar la satisfacción del cliente. El análisis de datos puede identificar áreas para la mejora de procesos, permitiendo a las empresas automatizar tareas repetitivas y asignar recursos de forma más eficiente. La toma de decisiones basada en datos fomenta una cultura de responsabilidad y transparencia en las organizaciones. Al basarse en los datos para tomar decisiones, las empresas pueden establecer métricas y objetivos claros, garantizando que las decisiones estén alineadas con objetivos específicos. Esto fomenta la rendición de cuentas al responsabilizar a los individuos y a los equipos de la consecución de estos objetivos. La toma de decisiones basada en datos facilita el intercambio transparente de información y conocimientos dentro de las organizaciones. Al poner los datos a disposición de las partes interesadas, las empresas pueden garantizar que las decisiones se basan en información y conocimientos compartidos. Este conocimiento compartido y la transparencia contribuyen a un entorno de trabajo más colaborativo y productivo, en el que las decisiones se toman de forma colectiva, y las personas están capacitadas para aportar sus ideas y puntos de vista. La toma de decisiones basada en datos ofrece numerosas ventajas en términos de mayor precisión y ventaja estratégica. Al basarse en los datos, las empresas pueden mejorar la precisión de sus decisiones, minimizando el riesgo de sesgos o pruebas anecdóticas. Esta mayor precisión no sólo mejora el propio proceso de toma de decisiones, sino que también contribuye a lograr los resultados empresariales deseados. La toma de decisiones basada en datos proporciona a las empresas una ventaja estratégica, al permitirles conocer mejor las tendencias del mercado, el comportamiento de los clientes y la dinámica del sector. Al adaptar sus estrategias basándose en el análisis de datos, las empresas pueden identificar oportunidades y obtener una ventaja competitiva en el panorama empresarial actual, altamente competitivo. La toma de decisiones basada en datos fomenta la eficiencia y la rentabilidad optimizando la asignación de recursos y agilizando las operaciones. La toma de decisiones basada en datos fomenta una cultura de responsabilidad y transparencia dentro de las organizaciones, garantizando que las decisiones estén alineadas con objetivos específicos y se basen en el conocimiento y la comprensión compartidos. Adoptar la toma de decisiones basada en datos es esencial para las empresas que buscan multiplicar sus resultados y lograr un éxito sostenible en un mundo cada vez más rico en datos.

B. UTILIZACIÓN DE ALGORITMOS DE IA PARA RECOMENDACIONES PERSONALIZADAS

Una de las aplicaciones más significativas de los algoritmos de IA en las empresas es su capacidad para ofrecer recomendaciones personalizadas a los clientes. Las recomendaciones personalizadas se han vuelto esenciales en el competitivo mercado actual, ya que no sólo mejoran la satisfacción del cliente, sino que también impulsan las ventas y la fidelidad del cliente. Los algoritmos de IA pueden analizar grandes cantidades de datos, como las preferencias de los clientes, su historial de compras y sus patrones de comportamiento, para generar recomendaciones personalizadas que se adapten a las necesidades y preferencias específicas de cada persona. Al comprender las preferencias de cada cliente, las empresas pueden ofrecer sugerencias de productos y promociones específicas, lo que aumenta las ventas y los ingresos. Los algoritmos de IA pueden aprovechar sofisticadas técnicas de aprendizaje automático para aprender continuamente y mejorar las recomendaciones basándose en las interacciones y comentarios de los clientes. Estos algoritmos pueden adaptarse y ser más precisos con el tiempo, mejorando la experiencia general del cliente. Por ejemplo, un sitio web de comercio electrónico puede utilizar algoritmos de IA para analizar el comportamiento de navegación de un cliente, sus compras anteriores y su información demográfica para generar recomendaciones de productos personalizadas. Teniendo en cuenta factores como las marcas, tallas, colores y estilos preferidos del cliente, el algoritmo de IA puede presentar una lista personalizada de sugerencias de productos que tengan más probabilidades de coincidir con las preferencias del cliente.

Los algoritmos de IA pueden analizar el recorrido de un cliente a través de varios puntos de contacto y canales para crear una experiencia fluida y personalizada. Por ejemplo, un cliente puede interactuar con una empresa a través de varios canales, como un sitio web, una aplicación móvil o las redes sociales. Los algoritmos de IA pueden integrar y analizar los datos de estos diferentes canales para obtener una comprensión holística de las preferencias y comportamientos del cliente. Esto permite a las empresas ofrecer recomendaciones coherentes en todos los canales, garantizando una experiencia del cliente coherente y personalizada, independientemente de la plataforma o el dispositivo que se utilice. Además, los algoritmos de IA pueden desempeñar un papel crucial en la mejora de las oportunidades de venta cruzada y de upselling. Al comprender las preferencias del cliente y su historial de compras, los algoritmos de IA pueden identificar productos relacionados que complementen las compras anteriores del cliente o se alineen con sus intereses. Esto no sólo aumenta las ventas, sino que también mejora la percepción que el cliente tiene de la empresa. Por ejemplo, un algoritmo de IA puede sugerir accesorios o productos compatibles para acompañar la compra reciente de un cliente, aumentando el valor medio del pedido y ofreciendo una solución más completa a las necesidades del cliente. Los algoritmos de IA pueden analizar y aprovechar los comentarios y opiniones de los clientes para generar recomendaciones más relevantes y precisas. Teniendo en cuenta los sentimientos expresados en las reseñas de los clientes, las empresas pueden identificar preferencias comunes y abordar posibles puntos de dolor. Esto permite a los algoritmos de IA refinar sus recomendaciones y adaptarlas en función del sentimiento del cliente, lo que da lugar a sugerencias más personalizadas y conscientes del contexto. Los algoritmos de IA pueden identificar tendencias y preferencias emergentes analizando grandes volúmenes de opiniones, lo que ayuda a las empresas a adelantarse a la competencia y adaptar sus ofertas en consecuencia. Implementar algoritmos de IA para recomendaciones personalizadas requiere una infraestructura robusta y escalable para manejar la gran cantidad de datos implicados. Las empresas necesitan invertir en potentes recursos informáticos y capacidades de almacenamiento para procesar y analizar eficazmente los datos en tiempo real. Las empresas deben dar prioridad a la privacidad y la seguridad de los datos, ya que la recopilación y el análisis de los datos de los clientes conllevan consideraciones éticas. Las prácticas transparentes de tratamiento de datos y las medidas de seguridad estrictas son esenciales para generar confianza con los clientes y cumplir la normativa de protección de datos. Utilizar algoritmos de IA para recomendaciones personalizadas ofrece a las empresas una poderosa herramienta para mejorar la experiencia del cliente, impulsar las ventas y fomentar su fidelidad. Analizando grandes cantidades de datos de clientes, los algoritmos de IA pueden generar recomendaciones personalizadas que se adapten a las preferencias de cada individuo. Esto no sólo aumenta la satisfacción del cliente, sino que también mejora las oportunidades de venta cruzada y de upselling. Los algoritmos de IA pueden analizar los comentarios y las reseñas para ofrecer recomendaciones más precisas, al tiempo que identifican las tendencias y preferencias emergentes. Las empresas deben garantizar una infraestructura sólida y dar prioridad a la privacidad y seguridad de los datos para aprovechar eficazmente los algoritmos de IA para las recomendaciones personalizadas. Implementando estas tecnologías, las empresas pueden multiplicar sus resultados y obtener una ventaja competitiva en el mercado.

CÓMO PUEDEN ANALIZAR LOS ALGORITMOS DE IA EL COMPORTAMIENTO DE LOS CLIENTES PARA OFRECER RECOMENDACIONES PERSONALIZADAS

Una forma importante de multiplicar los resultados empresariales con la Inteligencia Artificial (IA) es utilizar algoritmos de IA para analizar el comportamiento de los clientes y ofrecer recomendaciones personalizadas. En la era digital actual, las empresas recopilan grandes cantidades de datos sobre sus clientes, incluidas sus preferencias, historial de compras y comportamiento en línea. Sin las herramientas adecuadas para analizar estos datos, las empresas pueden tener dificultades para comprender eficazmente las necesidades y deseos de sus clientes. La tecnología de IA, en particular los algoritmos de IA, pueden cribar este caudal de datos y extraer información valiosa para ayudar a las empresas a racionalizar sus estrategias de marketing y ventas. Los algoritmos de IA tienen la capacidad de procesar grandes conjuntos de datos con rapidez y eficacia. Pueden analizar el comportamiento de un cliente en varios puntos de contacto, como visitas al sitio web, interacciones en redes sociales y compras en línea. Al examinar estos puntos de datos, los algoritmos de IA pueden identificar pautas, tendencias y correlaciones que pueden no ser evidentes para los analistas humanos. Por ejemplo, un algoritmo de IA puede detectar que un cliente que compra con frecuencia zapatillas de correr también tiende a comprar accesorios deportivos como pulseras de fitness. Con este conocimiento, las empresas pueden adaptar sus mensajes de marketing para destacar productos complementarios u ofrecer promociones personalizadas basadas en los intereses y preferencias del cliente. Los algoritmos de IA pueden aprender y adaptarse continuamente a partir de nuevos datos. Esto les permite ofrecer recomendaciones cada vez más precisas a lo largo del tiempo. Al actualizar constantemente sus modelos, los algoritmos de IA se adaptan mejor a las preferencias únicas de cada cliente, lo que hace que sus recomendaciones sean más valiosas y pertinentes. Por ejemplo, conocidas tiendas online como Amazon y Netflix utilizan algoritmos de IA para ofrecer recomendaciones personalizadas a sus clientes. Estos algoritmos tienen en cuenta el historial de navegación de un cliente, sus compras anteriores, e incluso las opiniones y valoraciones que haya dado, para sugerirle productos o películas que se ajusten a sus gustos. Este nivel de personalización no sólo mejora la experiencia del cliente, sino que también aumenta la probabilidad de conversión y de repetición de las compras. Los algoritmos de IA pueden analizar el comportamiento de los clientes en tiempo real, lo que permite a las empresas ofrecer recomendaciones personalizadas en el momento adecuado. Esta capacidad es especialmente valiosa en el sector del comercio electrónico, donde el momento es crucial. Por ejemplo, si un algoritmo de IA detecta que un cliente añade con frecuencia artículos a la cesta de la compra pero al final la abandona, puede activar una recomendación en tiempo real u ofrecer un descuento personalizado para incentivar al cliente a completar la transacción. Al aprovechar los algoritmos de IA para interpretar el comportamiento de los clientes en tiempo real, las empresas pueden aprovechar las oportunidades para relacionarse con ellos y mejorar su experiencia, lo que en última instancia impulsa las ventas y fomenta la fidelidad de los clientes.

Otra ventaja de los algoritmos de IA en el análisis del comportamiento de los clientes es su capacidad para identificar valores atípicos y anomalías. Estos algoritmos pueden detectar patrones o comportamientos inusuales de los clientes que pueden indicar un problema potencial o un cambio en sus preferencias. Por ejemplo, si un algoritmo de IA detecta que un cliente antiguo ha reducido drásticamente su frecuencia de compra o se ha pasado a un competidor, puede señalar este cambio a la empresa. Identificar y abordar rápidamente estas desviaciones puede ayudar a las empresas a evitar la fuga de clientes y a conservar su base de clientes. Los algoritmos de IA no sólo tienen el poder de identificar valores atípicos, sino que también pueden identificar correlaciones entre el comportamiento de los clientes y factores externos, como cambios en las tendencias de consumo o en las condiciones macroeconómicas. Al tener en cuenta estos factores contextuales más amplios, las empresas pueden obtener una comprensión más completa del comportamiento de los clientes y tomar decisiones informadas para adaptar sus ofertas en consecuencia. Aprovechar los algoritmos de IA para analizar el comportamiento de los clientes y ofrecer recomendaciones personalizadas tiene el potencial de multiplicar significativamente los resultados empresariales. Estos algoritmos pueden cribar vastos conjuntos de datos para identificar patrones y correlaciones, lo que permite a las empresas adaptar sus estrategias de marketing y ofrecer promociones personalizadas. Con la capacidad de aprender y adaptarse continuamente, los algoritmos de IA mejoran la precisión y pertinencia de sus recomendaciones con el tiempo. El análisis en tiempo real del comportamiento de los clientes también permite a las empresas ofrecer recomendaciones en el momento adecuado, impulsando el compromiso y las conversiones. La detección de valores atípicos y correlaciones con factores externos proporciona a las empresas información valiosa para evitar la pérdida de clientes y adaptarse a las condiciones cambiantes del mercado. La aplicación de algoritmos de IA en el análisis del comportamiento de los clientes es un enfoque poderoso para impulsar los resultados empresariales en la era digital.

BENEFICIOS DE LAS RECOMENDACIONES PERSONALIZADAS EN TÉRMINOS DE SATISFACCIÓN DEL CLIENTE Y AUMENTO DE LAS VENTAS

Las recomendaciones personalizadas se han convertido en una ventaja significativa para las empresas en términos de mejora de la satisfacción del cliente y aumento de las ventas. Aprovechando el poder de los algoritmos de inteligencia artificial (IA), las empresas pueden adaptar sus recomendaciones para satisfacer las preferencias y necesidades únicas de cada cliente. Este enfoque personalizado no sólo proporciona a los clientes mejores opciones de productos, sino que también profundiza su compromiso con la marca, lo que en última instancia conduce a un mayor nivel de satisfacción. Cuando los clientes sienten que una empresa entiende sus gustos y preferencias, es más probable que confíen en ella y sigan haciendo negocios con ella. Las recomendaciones personalizadas ayudan a aumentar las ventas haciendo que la experiencia de compra sea más eficiente y agradable. Al presentar a los clientes productos que coinciden con sus intereses, las empresas pueden reducir significativamente el tiempo de búsqueda y eliminar las opciones abrumadoras, lo que lleva a una toma de decisiones más rápida. Este proceso racionalizado se traduce en mayores tasas de conversión y mayores ingresos para la empresa.

C. MEJORAR LA TOMA DE DECISIONES MEDIANTE EL ANÁLISIS POTENCIADO POR LA IA

Una de las formas más significativas en que las empresas pueden multiplicar sus resultados mediante la inteligencia artificial (IA) es mejorando sus capacidades de toma de decisiones utilizando la analítica potenciada por IA. Tradicionalmente, la toma de decisiones en las empresas dependía en gran medida de la experiencia y la intuición humanas, lo que a menudo conducía a resultados subóptimos debido a las limitaciones de la cognición humana. Con los avances de la tecnología de IA, las empresas tienen ahora la oportunidad de aprovechar el poder de las decisiones basadas en datos. La analítica impulsada por la IA se refiere al uso de algoritmos de IA para analizar grandes cantidades de datos y generar perspectivas procesables para la toma de decisiones. Estos algoritmos son capaces de identificar patrones, tendencias y correlaciones en los datos, que los humanos pueden pasar por alto fácilmente. Aplicando técnicas de aprendizaje automático, los algoritmos de IA pueden aprender continuamente de nuevos datos para mejorar su capacidad de toma de decisiones a lo largo del tiempo. El uso de análisis basados en IA puede mejorar la toma de decisiones en diversas áreas funcionales de la empresa, como ventas, marketing, operaciones y finanzas. Por ejemplo, en ventas y marketing, los algoritmos de IA pueden analizar los datos de los clientes para identificar patrones de compra, preferencias y tendencias. Esta información puede utilizarse para optimizar las estrategias de ventas y marketing, dirigirse a segmentos específicos de clientes y personalizar sus experiencias. Al comprender las necesidades de los clientes y predecir su comportamiento, las empresas pueden tomar decisiones más informadas sobre precios, surtido de productos y actividades promocionales, maximizando así su potencial de ingresos. En las operaciones, el análisis basado en IA puede ayudar a las empresas a mejorar su productividad y eficiencia. Analizando los datos operativos, como los de la cadena de suministro, la fabricación y la logística, los algoritmos de IA pueden identificar cuellos de botella, optimizar los flujos de trabajo y mejorar la asignación de recursos. Por ejemplo, analizando los datos históricos de producción, los algoritmos de IA pueden identificar ineficiencias en la producción y sugerir mejoras en los procesos, con el consiguiente ahorro de costes y mejora de la productividad. Los análisis basados en IA pueden utilizarse en la toma de decisiones financieras, donde la precisión y la velocidad son cruciales. Los algoritmos de IA pueden analizar datos financieros, tendencias del mercado e indicadores macroeconómicos para predecir los precios de las acciones, gestionar carteras de inversión y evaluar el riesgo. Esto puede ayudar mucho a las empresas a tomar decisiones financieras informadas, como la asignación de inversiones y carteras, las fusiones y adquisiciones y la gestión de riesgos. Aprovechando los análisis basados en IA, las empresas pueden reducir la probabilidad de pérdidas financieras y maximizar sus beneficios.

La analítica basada en IA puede mejorar la toma de decisiones estratégicas proporcionando a las empresas información valiosa sobre su entorno competitivo. Los algoritmos de IA pueden analizar los datos del mercado, los informes del sector y el sentimiento de las redes sociales para evaluar las tendencias del mercado, valorar las estrategias de la competencia e identificar nuevas oportunidades. Armadas con esta información, las empresas pueden desarrollar estrategias sólidas, entrar en nuevos mercados y obtener una ventaja competitiva.

Los análisis impulsados por la IA pueden permitir a las empresas tomar decisiones proactivas, basadas en datos, en lugar de depender de la toma de decisiones reactiva. Al supervisar continuamente los datos en tiempo real, los algoritmos de IA pueden detectar anomalías, anticipar cambios en el comportamiento de los clientes e identificar posibles riesgos u oportunidades. Este enfoque proactivo puede ayudar a las empresas a adelantarse a sus competidores, mitigar los riesgos y aprovechar las tendencias emergentes. Es esencial reconocer que la analítica impulsada por IA no es una panacea para la toma de decisiones en las empresas. Aunque los algoritmos de IA pueden procesar grandes cantidades de datos con rapidez, siguen estando limitados por la calidad y la relevancia de los datos que se les introducen. Las empresas deben garantizar la exactitud y fiabilidad de las fuentes de datos para obtener información significativa. Deben tenerse en cuenta consideraciones éticas al utilizar análisis basados en IA, como la privacidad de los datos, la parcialidad y la transparencia. Para ganarse la confianza y la aceptación de empleados y clientes, las empresas deben ser transparentes sobre sus prácticas de recopilación y uso de datos, y asegurarse de que sus algoritmos de IA funcionan éticamente.

La analítica impulsada por IA tiene el potencial de mejorar significativamente la toma de decisiones en las empresas y multiplicar sus resultados. Al aprovechar los algoritmos de IA para

analizar grandes cantidades de datos, las empresas pueden obtener información procesable, mejorar la productividad, optimizar las estrategias y tomar decisiones financieras más informadas. Es esencial que las empresas garanticen la exactitud y pertinencia de las fuentes de datos y tengan en cuenta consideraciones éticas para aprovechar eficazmente el poder de los análisis impulsados por la IA. Si se utilizan de forma responsable,
los análisis basados en la IA pueden ser una herramienta valiosa
para que las empresas obtengan una ventaja competitiva y lo-
gren los resultados deseados.

USO DE HERRAMIENTAS DE ANÁLISIS DE LA IA PARA DESCUBRIR PATRONES Y CORRELACIONES EN LOS DATOS

Con la creciente cantidad de datos que se generan en la era digital actual, las empresas reconocen la importancia de utilizar herramientas analíticas de IA para descubrir patrones y correlaciones dentro de este vasto conjunto de información. Las herramientas de análisis de IA emplean sofisticados algoritmos y técnicas de aprendizaje automático para analizar conjuntos de datos, identificar tendencias y hacer predicciones. Utilizando estas herramientas, las organizaciones pueden obtener información muy valiosa sobre sus clientes, operaciones y tendencias generales del mercado. Por ejemplo, una empresa de comercio electrónico puede utilizar herramientas de análisis de IA para identificar las preferencias de los clientes y sus comportamientos de compra, lo que le permite personalizar las campañas de marketing y ofrecer recomendaciones específicas. Esto no sólo aumenta la satisfacción del cliente, sino que también mejora las ventas y los ingresos. Las herramientas de análisis de IA también pueden ayudar a las empresas a identificar ineficiencias operativas y racionalizar los procesos. Analizando diversos puntos de datos, como los índices de producción y la asignación de recursos, las organizaciones pueden identificar cuellos de botella en sus operaciones y tomar medidas proactivas para resolverlos. Esto conduce a una mejora de la productividad, un ahorro de costes y una ventaja competitiva en el mercado. Las herramientas de análisis de IA pueden descubrir correlaciones entre distintas variables que pueden no ser evidentes de inmediato para los humanos. Por ejemplo, analizando los datos de los clientes, una empresa minorista puede descubrir que los clientes que compran determinados productos también tienen más probabilidades de comprar otros artículos relacionados. Armadas con este conocimiento, las empresas pueden desarrollar estrategias de venta cruzada y de venta dirigida. El uso de herramientas analíticas de IA permite a las empresas aprovechar el poder de los datos y tomar decisiones basadas en ellos, lo que se traduce en un aumento de la eficacia, una mejora de la satisfacción del cliente y, en última instancia, una multiplicación de los resultados empresariales.

VENTAJAS DE LA ANALÍTICA IMPULSADA POR LA IA PARA FACILITAR LA TOMA DE DECISIONES BASADA EN DATOS

Una de las ventajas más significativas de incorporar la analítica basada en IA a las operaciones empresariales es su capacidad para facilitar la toma de decisiones basada en datos. En el acelerado y altamente competitivo entorno empresarial actual, tomar decisiones informadas basadas en datos precisos y relevantes se ha convertido en algo crucial para el éxito y el crecimiento de las empresas. Las herramientas de análisis basadas en IA pueden procesar grandes volúmenes de datos, extraer información significativa y presentarla en un formato fácilmente comprensible y procesable para los responsables de la toma de decisiones. Estas herramientas analíticas son capaces de identificar patrones, tendencias y correlaciones en conjuntos de datos que pueden pasar desapercibidos a los analistas humanos debido al gran volumen y complejidad de la información. Esto permite a las empresas obtener información valiosa sobre el comportamiento de los consumidores, las tendencias del mercado y la eficiencia operativa, lo que les permite tomar decisiones informadas que maximizan los resultados empresariales. Por ejemplo, las herramientas de análisis basadas en IA pueden analizar los datos de los clientes para identificar sus preferencias, patrones de compra y valor potencial durante toda su vida. Estos datos pueden utilizarse para segmentar a los clientes en diferentes grupos y desarrollar estrategias de marketing personalizadas para dirigirse a cada segmento con mayor eficacia. Al adaptar los esfuerzos de marketing a las necesidades y preferencias específicas de los clientes, las empresas pueden aumentar la satisfacción de los clientes, mejorar la fidelidad a la marca y, en última instancia, generar mayores ingresos. Los análisis basados en IA también pueden utilizarse para optimizar la gestión de la cadena de suministro analizando los datos de producción, ventas e inventario en tiempo real. Esto permite a las empresas predecir la demanda, gestionar los inventarios de forma más eficiente y reducir los costes asociados al exceso de existencias o a las roturas de stock. Al tomar decisiones basadas en datos, las empresas pueden agilizar sus operaciones, mejorar el servicio al cliente y lograr una mayor rentabilidad. Los análisis basados en IA pueden contribuir a mejorar la inteligencia empresarial proporcionando capacidades de supervisión de datos y elaboración de informes en tiempo real. Los métodos tradicionales de análisis de datos suelen llevar mucho tiempo y son propensos a cometer errores, ya que se basan en el procesamiento y la interpretación manual de los datos. Los algoritmos de IA pueden procesar los datos en tiempo real, generando informes precisos y alertas a los principales interesados. Esto permite a las empresas supervisar el rendimiento de varios departamentos, realizar un seguimiento de los indicadores clave de rendimiento e identificar posibles problemas u oportunidades con prontitud. Por ejemplo, las herramientas de análisis basadas en IA pueden controlar el tráfico del sitio web, la participación de los clientes y las tasas de conversión para proporcionar información sobre la eficacia de las campañas de marketing. Mediante la supervisión continua de estas métricas, las empresas pueden tomar decisiones basadas en datos para optimizar las estrategias de marketing y mejorar el retorno de la inversión.

Los análisis basados en IA pueden contribuir a la gestión de riesgos identificando posibles amenazas y vulnerabilidades en las operaciones empresariales. Analizando datos de diversas fuentes, como transacciones financieras, comportamientos de los clientes y opiniones en las redes sociales, los algoritmos de IA pueden detectar patrones que indiquen actividades fraudulentas o violaciones de la ciberseguridad. Esta identificación temprana de los riesgos permite a las empresas tomar medidas proactivas y mitigar los posibles daños. Por ejemplo, un banco puede utilizar análisis basados en IA para identificar transacciones sospechosas y marcarlas para una investigación más exhaustiva, evitando pérdidas económicas y manteniendo la confianza de los clientes. La integración de la analítica impulsada por IA en las operaciones empresariales ofrece una serie de ventajas, sobre todo al facilitar la toma de decisiones basada en datos. Al procesar y analizar grandes volúmenes de datos, la analítica basada en IA puede extraer información significativa que permita a las empresas tomar decisiones fundamentadas basadas en información precisa y relevante. Esto ayuda a las empresas a obtener información valiosa sobre el comportamiento de los clientes, las tendencias del mercado y la eficiencia operativa, lo que conduce a un aumento de los ingresos y la rentabilidad. La analítica impulsada por la IA puede contribuir a supervisar el rendimiento empresarial en tiempo real, mejorando la inteligencia empresarial y las capacidades de gestión de riesgos. Es evidente que la analítica impulsada por la IA tiene el potencial de transformar la forma en que operan las empresas y lograr el éxito a largo plazo en el mundo actual, impulsado por los datos. En el panorama empresarial actual, en rápida evolución, las empresas buscan constantemente formas innovadoras de obtener una ventaja competitiva y maximizar su rendimiento. Una estrategia especialmente eficaz que ha ganado protagonismo en los últimos años es aprovechar el poder de la inteligencia artificial (IA) para multiplicar los resultados empresariales. La IA, como tecnología disruptiva, tiene el potencial de revolucionar varios aspectos de las operaciones empresariales e impulsar mejoras significativas de la productividad, la eficacia y la rentabilidad. Una forma en que la IA puede ayudar a las empresas a multiplicar sus resultados es mediante la mejora de la experiencia y la personalización del cliente. Aprovechando los algoritmos impulsados por la IA, las empresas pueden recopilar y analizar grandes cantidades de datos de clientes para obtener información valiosa sobre sus preferencias, comportamientos y necesidades. Esta información puede utilizarse entonces para adaptar las recomendaciones de productos, las comunicaciones de marketing y las interacciones con los clientes de forma altamente personalizada. Al ofrecer una experiencia más personalizada y atractiva, las empresas pueden mejorar la satisfacción y la fidelidad de los clientes, lo que se traduce en un aumento de las ventas y la repetición del negocio. La IA puede mejorar enormemente la eficiencia operativa y agilizar los procesos empresariales, lo que se traduce en importantes ahorros de costes y aumentos de productividad. Por ejemplo, la automatización basada en IA puede aprovecharse para realizar tareas repetitivas que consumen mucho tiempo, como la introducción de datos, la atención al cliente y la gestión de inventarios. Esto no sólo libera tiempo y recursos valiosos, sino que también minimiza el riesgo de error humano. La IA también puede utilizarse para optimizar la gestión de la cadena de suministro, analizando datos en tiempo real, prediciendo patrones de demanda y optimizando los niveles de inventario. Esto permite a las empresas reducir costes, minimizar los residuos y mejorar la eficiencia operativa general. La IA puede capacitar a las empresas para tomar decisiones basadas en datos que sean precisas y oportunas. Mediante algoritmos de aprendizaje automático y análisis predictivos, la IA puede analizar grandes cantidades de datos para identificar pautas, tendencias y perspectivas que pueden no ser evidentes de inmediato para los analistas humanos. Esto permite a las empresas tomar decisiones informadas basadas en datos en tiempo real, en lugar de confiar únicamente en la intuición o la experiencia pasada. Al aprovechar la IA, las empresas pueden asegurarse de que están tomando decisiones basadas en la información más relevante y precisa disponible, lo que conduce a una mejor planificación estratégica y a resultados más satisfactorios. La IA puede utilizarse para optimizar los esfuerzos de marketing y publicidad, lo que se traduce en mayores tasas de conversión y crecimiento de los ingresos. Los algoritmos impulsados por IA pueden analizar los datos de los clientes para identificar audiencias objetivo, segmentarlas en función de diversos criterios y desarrollar campañas de marketing muy específicas. La IA también puede mejorar la orientación y optimización de los anuncios, aprovechando los datos y la información en tiempo real para ajustar la ubicación de los anuncios, el contenido y los mensajes en tiempo real. Al transmitir el mensaje adecuado al público adecuado en el momento adecuado, las empresas pueden mejorar significativamente las tasas de conversión, maximizar el rendimiento del gasto en publicidad y, en última instancia, aumentar los ingresos. Otra forma significativa en que la IA puede multiplicar los resultados empresariales es mediante la mejora de la gestión del riesgo y la detección del fraude. Analizando grandes volúmenes de datos y aplicando algoritmos avanzados, la IA puede identificar riesgos potenciales o actividades fraudulentas en tiempo real, permitiendo a las empresas tomar medidas proactivas para mitigarlos. Por ejemplo, la IA puede utilizarse para detectar patrones inusuales y anomalías en las transacciones financieras, señalando las actividades potencialmente fraudulentas para su posterior investigación. Al aprovechar la IA en la gestión de riesgos, las empresas pueden mejorar su capacidad para identificar y abordar posibles riesgos y amenazas, salvaguardando en última instancia su reputación y bienestar financiero. La IA también puede desempeñar un papel fundamental en la mejora de la innovación y el impulso de nuevas oportunidades de negocio. Al analizar datos de múltiples fuentes, la IA puede identificar tendencias del mercado, demandas de los clientes y patrones emergentes que pueden no ser evidentes de inmediato para los analistas humanos. Esto puede permitir a las empresas descubrir oportunidades de mercado sin explotar, desarrollar nuevas ofertas de productos e identificar posibles áreas de crecimiento y expansión. La IA también puede emplearse para ayudar en los esfuerzos de investigación y desarrollo, automatizando tareas que llevan mucho tiempo, como el análisis de datos, las simulaciones y la experimentación. Aprovechando la IA en los procesos de innovación, las empresas pueden acelerar su ritmo de innovación, impulsar nuevas fuentes de ingresos y obtener una ventaja competitiva. La IA tiene el potencial de multiplicar los resultados empresariales de varias maneras. Al mejorar la experiencia del cliente y la personalización, aumentar la eficacia operativa, permitir la toma de decisiones basada en datos, optimizar los esfuerzos de marketing, mejorar la gestión de riesgos e impulsar la innovación, la IA puede revolucionar las operaciones empresariales y conseguir mejoras significativas en el rendimiento. A medida que las empresas sigan descubriendo el poder transformador de la IA, su adopción e integración serán cada vez más vitales para las empresas que pretendan obtener una ventaja competitiva en el dinámico mercado actual.

IV. MEJORAR LA EXPERIENCIA DEL CLIENTE

Mejorar las experiencias de los clientes es un aspecto crucial del éxito empresarial, y la tecnología de IA ofrece importantes oportunidades para lograr este objetivo. En el mercado altamente competitivo de hoy en día, las empresas se esfuerzan constantemente por ofrecer un servicio al cliente excepcional que no sólo cumpla las expectativas de los consumidores, sino que las supere. La IA tiene el potencial de revolucionar las experiencias de los clientes al permitir a las empresas obtener información profunda sobre las preferencias y comportamientos de los clientes. Al integrar las capacidades de la IA en sus operaciones, las empresas pueden personalizar sus ofertas, adaptar sus estrategias de marketing y optimizar el recorrido general del cliente. Una forma en que la IA puede mejorar la experiencia del cliente es mediante la personalización. Los algoritmos de IA pueden analizar grandes cantidades de datos de los clientes, como su historial de compras, sus patrones de navegación y sus actividades en las redes sociales. Aprovechando esta información, las empresas pueden conocer a fondo las preferencias e intereses de cada cliente. Con este conocimiento, las empresas pueden ofrecer contenidos, productos y recomendaciones personalizados que resuenen con cada cliente a nivel personal. Este enfoque personalizado no sólo aumenta la satisfacción del cliente, sino que también impulsa su fidelidad y la repetición del negocio. La IA puede optimizar las estrategias de marketing permitiendo a las empresas dirigirse a los clientes adecuados con el mensaje adecuado en el momento oportuno. Las herramientas potenciadas por la IA pueden analizar los datos de los consumidores e identificar pautas y tendencias que pueden informar las decisiones de marketing. Por ejemplo, los algoritmos de IA pueden predecir cuándo y qué es más probable que compren los clientes, lo que permite a las empresas programar adecuadamente sus promociones e incentivos. Este enfoque específico maximiza la eficacia de las campañas de marketing, lo que conduce a mayores tasas de conversión y crecimiento de los ingresos.

Los chatbots y asistentes virtuales con IA pueden mejorar mucho la atención y el servicio al cliente. Atrás quedaron los días en que los clientes tenían que esperar largos periodos para hablar con un representante o navegar por complejos menús telefónicos. Los chatbots de IA, equipados con capacidades de procesamiento del lenguaje natural, pueden proporcionar respuestas rápidas y precisas a las consultas de los clientes, reduciendo así los tiempos de respuesta y mejorando su satisfacción. Estos chatbots también pueden encargarse de tareas rutinarias, como el seguimiento de pedidos o la tramitación de reembolsos, liberando a los representantes humanos para que se centren en cuestiones más complejas de los clientes. Los asistentes virtuales potenciados por IA, como Alexa de Amazon o Siri de Apple, pueden interactuar con los clientes de forma conversacional, ofreciendo recomendaciones, respondiendo a preguntas y proporcionando asistencia personalizada. Esta integración perfecta de la tecnología de IA en la atención al cliente no sólo mejora la experiencia general del cliente, sino que también reduce los costes operativos de las empresas. Otra forma en que la IA puede mejorar las experiencias de los clientes es mejorando el recorrido general del cliente. Los algoritmos de IA pueden analizar grandes cantidades de datos de clientes para identificar puntos de dolor, cuellos de botella o áreas de mejora en la experiencia del cliente. Al descubrir patrones o anomalías ocultas, las empresas pueden aplicar estrategias específicas para abordar estos problemas y agilizar el recorrido del cliente. Por ejemplo, los algoritmos de IA pueden analizar los comentarios de los clientes para identificar quejas o frustraciones comunes, lo que permite a las empresas mejorar sus productos, servicios o procesos en consecuencia. Al recopilar y analizar continuamente los datos de los clientes, las empresas pueden estar en sintonía con sus necesidades y preferencias, lo que les permite mejorar sus ofertas y adaptarse a las tendencias cambiantes del mercado.

La IA puede mejorar las experiencias de los clientes permitiendo a las empresas ofrecer experiencias de realidad aumentada (RA) o realidad virtual (RV). Las tecnologías de RA y RV tienen el potencial de transportar a los clientes a entornos inmersivos e interactivos, proporcionando experiencias únicas y atractivas. Por ejemplo, las empresas de automoción pueden utilizar la RA para que los clientes prueben virtualmente los vehículos, mientras que los minoristas de muebles pueden utilizar la RA para que los clientes visualicen cómo quedarían determinados artículos en sus casas. Aprovechando las tecnologías de RA y RV con IA, las empresas pueden ofrecer experiencias memorables y agradables que las diferencien de sus competidores y dejen una impresión duradera en los clientes. Mejorar las experiencias de los clientes es un aspecto crítico del éxito empresarial, y la tecnología de IA ofrece enormes oportunidades para lograr este objetivo. Aprovechando las capacidades de la IA, las empresas pueden personalizar sus ofertas, optimizar sus estrategias de marketing, agilizar el recorrido del cliente y proporcionar experiencias de realidad aumentada o virtual. A medida que se intensifica la competencia, la integración de los sistemas de IA en los procesos empresariales puede dar a las empresas una ventaja competitiva al ofrecer experiencias superiores a los clientes que impulsen su fidelidad, la repetición de negocios y, en última instancia, el crecimiento empresarial.

A. PERSONALIZAR LAS INTERACCIONES CON LOS CLIENTES MEDIANTE LA IA

Otra forma de multiplicar los resultados empresariales con la IA es personalizando las interacciones con los clientes. La personalización se ha convertido en un aspecto crucial del éxito de la captación de clientes, ya que permite a las empresas adaptar sus ofertas a las necesidades y preferencias específicas de cada cliente. La tecnología impulsada por la IA ha mejorado enormemente la capacidad de personalizar las interacciones con los clientes, proporcionando a las empresas información valiosa y permitiendo la entrega de experiencias altamente personalizadas. Gracias a la IA, las empresas pueden recopilar y analizar grandes cantidades de datos de los clientes, como el historial de compras, el comportamiento de navegación y la actividad en las redes sociales, para obtener un conocimiento matizado de cada cliente. Estos datos pueden utilizarse para crear recomendaciones, ofertas y campañas de marketing personalizadas. Por ejemplo, los chatbots impulsados por IA pueden interactuar con los clientes en tiempo real, utilizando algoritmos de procesamiento del lenguaje natural para comprender y responder a sus consultas e inquietudes. Estos chatbots pueden ofrecer recomendaciones personalizadas basadas en las compras y preferencias anteriores del cliente, mejorando la experiencia general del cliente. Los análisis basados en IA pueden segmentar a los clientes en diferentes grupos en función de sus rasgos, lo que

101

permite a las empresas desarrollar estrategias de marketing específicas. Al personalizar las interacciones con los clientes, las empresas pueden fomentar relaciones más sólidas con ellos, aumentar su fidelidad y, en última instancia, impulsar las ventas y los ingresos. Es importante encontrar el equilibrio adecuado entre la personalización y las cuestiones de privacidad para garantizar la confianza de los clientes.

LA CAPACIDAD DE LA IA DE RECOPILAR Y ANALIZAR DATOS DE CLIENTES PARA UNA COMUNICACIÓN PERSONALIZADA

La capacidad de la IA para recopilar y analizar los datos de los clientes para una comunicación personalizada es otro aspecto clave de su potencial transformador para multiplicar los resultados empresariales. En el mercado actual, altamente competitivo, las empresas deben esforzarse por crear experiencias significativas y personalizadas para sus clientes a fin de fomentar la fidelidad e impulsar el crecimiento de los ingresos. La IA ofrece una solución única a este reto, ya que permite a las empresas recopilar y analizar grandes cantidades de datos de clientes, obteniendo así información valiosa sobre preferencias, comportamientos y pautas de compra individuales. Mediante sofisticados algoritmos de aprendizaje automático, la IA puede procesar e interpretar estos datos para identificar tendencias, pautas y correlaciones que, de otro modo, podrían haberse pasado por alto. Al comprender a sus clientes a un nivel más profundo, las empresas pueden adaptar sus estrategias de comunicación y campañas de marketing para que resuenen mejor con su público objetivo, lo que conduce a un aumento de la participación, las tasas de conversión y, en última instancia, los ingresos. La IA puede facilitar la comunicación personalizada en tiempo real adaptando dinámicamente sus mensajes en función de las interacciones y preferencias del cliente. Mediante el uso de chatbots y asistentes virtuales, las empresas pueden proporcionar respuestas instantáneas y relevantes a las consultas o preocupaciones de los clientes, creando una experiencia de cliente fluida y eficiente. Este enfoque personalizado no sólo mejora la satisfacción del cliente, sino que también fomenta un sentimiento de confianza y lealtad, ya que los clientes se sienten comprendidos y valorados por la empresa. La IA puede ayudar a las empresas a identificar posibles oportunidades de ventas adicionales o cruzadas analizando los datos de los clientes y prediciendo futuros comportamientos de compra. Aprovechando esta información, las empresas pueden ofrecer recomendaciones o promociones específicas a sus clientes, aumentando las posibilidades de generar ventas e ingresos adicionales. La capacidad de la IA de recopilar y analizar los datos de los clientes para una comunicación personalizada tiene el potencial de revolucionar la forma en que las empresas interactúan con sus clientes, lo que conduce a una mayor satisfacción y fidelidad de los clientes y, en última instancia, al crecimiento del negocio.

BENEFICIOS DE LAS INTERACCIONES PERSONALIZADAS CON LOS CLIENTES EN TÉRMINOS DE MAYOR LEALTAD Y SATISFACCIÓN DE LOS CLIENTES

Las interacciones personalizadas con los clientes tienen importantes beneficios en términos de mayor lealtad y satisfacción de los clientes. En el competitivo panorama empresarial actual, garantizar la retención de clientes y establecer relaciones a largo plazo es vital para el éxito sostenido. Mediante la personalización impulsada por la IA, las empresas pueden ofrecer experiencias a medida a sus clientes, haciéndoles sentir valorados, comprendidos y apreciados. En primer lugar, las interacciones personalizadas fomentan un sentimiento de lealtad entre los clientes. Cuando una empresa se toma el tiempo necesario para comprender las preferencias, necesidades y deseos de cada cliente, demuestra su compromiso de ofrecer una experiencia personalizada. Este nivel de atención no sólo aumenta la satisfacción del cliente, sino que también infunde un sentimiento de confianza y lealtad hacia la marca. Según un estudio realizado por Deloitte, el 36% de los consumidores se mostraron dispuestos a pagar más por productos o servicios personalizados, lo que indica la gran influencia de las interacciones personalizadas en la lealtad de los clientes. En segundo lugar, las interacciones personalizadas contribuyen a mejorar la satisfacción del cliente. Aprovechando las tecnologías de IA, las empresas pueden recopilar y analizar grandes cantidades de datos de los clientes, como compras anteriores, historial de navegación y preferencias. Con esta información, las empresas pueden adaptar su comunicación, recomendaciones y ofertas para satisfacer las necesidades e intereses únicos de cada cliente. Este nivel de personalización minimiza el riesgo de contenido irrelevante o carente de interés, lo que en última instancia conduce a mayores niveles de satisfacción del cliente. La personalización impulsada por la IA permite a las empresas anticiparse a las necesidades de los clientes y abordarlas de forma proactiva. Por ejemplo, una plataforma de comercio electrónico puede utilizar algoritmos de IA para sugerir recomendaciones de productos personalizadas basadas en el historial de navegación de un cliente, lo que conduce a una experiencia de compra más satisfactoria. Este compromiso proactivo demuestra a los clientes que la empresa se preocupa por sus necesidades, lo que puede aumentar significativamente los niveles de satisfacción y fidelizar a los clientes a largo plazo. Las interacciones personalizadas fomentan una conexión emocional más profunda entre los clientes y las empresas. Al tratar a los clientes como personas y no como una transacción más, las empresas pueden crear una relación más personal y significativa. Este vínculo emocional desempeña un papel fundamental en la fidelidad del cliente y puede influir significativamente en su proceso de toma de decisiones. Cuando los clientes se sienten emocionalmente vinculados a una marca, es más probable que la elijan frente a la competencia, aunque los precios o las ofertas sean similares. Según una encuesta de Forrester, las conexiones emocionales influyeron en el 79% de las decisiones de los clientes y tuvieron una influencia mayor que factores como el precio y la comodidad. Las interacciones personalizadas no sólo crean conexiones emocionales, sino que también permiten a las empresas personalizar sus esfuerzos de marketing, posicionando su marca como una que realmente entiende y se preocupa por sus clientes. Por ejemplo, un correo electrónico personalizado o un anuncio dirigido que refleje los intereses y preferencias de un cliente pueden evocar emociones positivas y reforzar el vínculo entre el cliente y la marca. Además de aumentar la lealtad y la satisfacción del cliente, las interacciones personalizadas también tienen un impacto directo en los ingresos y el crecimiento de las empresas. Según un estudio de Epsilon, es más probable que el 80% de los clientes realicen una compra cuando las empresas ofrecen experiencias personalizadas. Esta correlación entre personalización y comportamiento de compra pone de relieve las oportunidades potenciales de ingresos que las empresas pueden desbloquear con estrategias de personalización impulsadas por la IA. Las interacciones personalizadas con los clientes pueden dar lugar a valores medios de pedido y valores de vida útil del cliente más elevados. Cuando los clientes reciben recomendaciones u ofertas personalizadas, es más probable que añadan artículos adicionales a su cesta o que repitan la compra, lo que aumenta tanto el valor de sus transacciones individuales como su valor a largo plazo como clientes. Las interacciones personalizadas generan un boca a boca positivo y referencias. Los clientes satisfechos que han tenido experiencias personalizadas son más propensos a recomendar la marca a amigos, familiares y colegas, ampliando significativamente la base de clientes de la empresa. Se convierten en defensores de la marca que la promocionan voluntariamente a través de testimonios o de las redes sociales, contribuyendo al crecimiento orgánico sin necesidad de grandes esfuerzos de marketing.

Las interacciones personalizadas con los clientes mediante estrategias de personalización basadas en IA tienen numerosas ventajas para las empresas. Fomentan la lealtad de los clientes al hacer que se sientan valorados y comprendidos, lo que en última instancia conduce a una mayor retención de clientes. Las interacciones personalizadas también contribuyen a mejorar la satisfacción del cliente al ofrecer experiencias a medida que responden a las necesidades e intereses únicos de cada persona. Las interacciones personalizadas crean conexiones emocionales, reforzando aún más el vínculo entre clientes y empresas. Más allá de los beneficios intangibles, la personalización tiene un impacto directo en los ingresos y el crecimiento de las empresas. Mediante las experiencias personalizadas, las empresas pueden aumentar el comportamiento de compra, el valor medio de los pedidos y el valor vitalicio de los clientes. Los clientes satisfechos que han experimentado la personalización tienen más probabilidades de convertirse en defensores de la marca, generando un boca a boca positivo y recomendaciones. A medida que la tecnología siga avanzando, el papel de la IA en la personalización será cada vez más crucial para que las empresas puedan multiplicar sus resultados y lograr un éxito sostenible.

B. MEJORAR LA ATENCIÓN AL CLIENTE CON CHATBOTS CON IA

Además de agilizar los procesos de atención al cliente, los chatbots impulsados por IA tienen el potencial de mejorar enormemente la experiencia general del cliente. Estos chatbots son capaces de ofrecer asistencia personalizada y oportuna a los clientes, abordando así eficazmente sus consultas y preocupaciones. Con la ayuda de algoritmos de procesamiento del lenguaje natural, estos chatbots pueden comprender e interpretar las entradas de los clientes, lo que les permite ofrecer respuestas precisas y pertinentes. Este nivel de capacidad de respuesta no sólo reduce los tiempos de espera de los clientes, sino que también aumenta sus niveles de satisfacción. Los chatbots con IA pueden funcionar 24 horas al día, 7 días a la semana, garantizando una disponibilidad ininterrumpida para atender las necesidades de clientes de todo el mundo que residen en zonas horarias diferentes. Esta accesibilidad elimina la frustración de los clientes que se enfrentan a limitaciones de asistencia y permite a las empresas mantener una ventaja competitiva en el mercado. Los chatbots pueden integrarse con los sistemas existentes de gestión de relaciones con los clientes (CRM), lo que les permite acceder al historial del cliente y a interacciones anteriores. Esta integración permite a los chatbots proporcionar una experiencia más personalizada, ofreciendo recomendaciones a medida, sugerencias de productos y promociones específicas basadas en las compras y preferencias anteriores de los clientes. Al aprovechar los algoritmos de IA, los chatbots no sólo pueden dar respuestas genéricas, sino también analizar los sentimientos y emociones de los clientes, ayudando a las empresas a identificar posibles problemas o preocupaciones incluso antes de que los clientes los manifiesten explícitamente. Este enfoque proactivo permite a las empresas ofrecer soluciones proactivas con prontitud, aumentando así la lealtad de los clientes y promoviendo un boca a boca positivo. Los chatbots con IA resultan ser herramientas inestimables para mejorar el servicio al cliente y la experiencia general del cliente.

LOS CHATBOTS DE IA PUEDEN DAR RESPUESTAS INSTANTÁNEAS Y PRECISAS A LAS CONSULTAS DE LOS CLIENTES

Los chatbots de IA han revolucionado la forma en que las empresas interactúan con los clientes, proporcionando respuestas instantáneas y precisas a sus consultas. Estos chatbots funcionan con algoritmos avanzados y tecnología de inteligencia artificial, lo que les permite comprender y responder a las consultas de los clientes en tiempo real. Con la capacidad de procesar grandes cantidades de datos y aprender de las interacciones con los clientes, los chatbots de IA pueden ofrecer respuestas rápidas y precisas a una amplia gama de preguntas. Esto no sólo aumenta la satisfacción del cliente, sino que también mejora la eficacia operativa y la productividad de las empresas. Una de las principales ventajas de los chatbots de IA es su capacidad para dar respuestas instantáneas a las consultas de los clientes. A diferencia de los agentes humanos, los chatbots están disponibles 24 horas al día, 7 días a la semana, y pueden gestionar varias consultas de clientes simultáneamente. Esto significa que los clientes ya no tienen que esperar largos periodos para obtener respuesta a sus preguntas, lo que supone una mejora significativa del tiempo de respuesta. Los chatbots de IA pueden procesar la información a la velocidad del rayo, lo que les permite analizar rápidamente la consulta y ofrecer una respuesta pertinente y precisa. Esta respuesta instantánea crea una experiencia del cliente sin fisuras, lo que conduce a mayores tasas de compromiso y retención de clientes.

Los chatbots de IA están diseñados para proporcionar respuestas precisas de forma sistemática. Estos chatbots se entrenan con grandes cantidades de datos y son capaces de comprender el lenguaje natural, el contexto y la intención del usuario. Al aprovechar los algoritmos de aprendizaje automático, pueden mejorar continuamente su rendimiento y precisión a lo largo del tiempo. Esto les permite interpretar con precisión las consultas de los clientes, incluso ante preguntas ambiguas o complejas. A diferencia de los agentes humanos, que pueden cometer errores o malinterpretar las consultas de los clientes, los chatbots de IA ofrecen siempre respuestas precisas y fiables. Este nivel de precisión no sólo aumenta la satisfacción del cliente, sino que también refuerza la confianza y la credibilidad de la empresa. Otra ventaja de los chatbots de IA es su capacidad para gestionar una amplia gama de consultas de los clientes. Los chatbots de IA pueden programarse para comprender y responder a varios tipos de consultas, como información sobre productos, estado de pedidos, resolución de problemas y preguntas frecuentes. Pueden acceder y recuperar información de la base de conocimientos de la empresa o integrarse con otros sistemas para recopilar datos relevantes. Esta versatilidad significa que los clientes pueden encontrar respuestas a sus preguntas sin tener que navegar por sitios web complejos o esperar la asistencia humana. Los chatbots de IA pueden asumir el papel de asistentes virtuales, guiando a los clientes a través del proceso de compra o resolviendo sus problemas con eficacia. Los chatbots de IA pueden integrarse con otros sistemas empresariales, como el software de gestión de relaciones con los clientes (CRM), las plataformas de comercio electrónico o los sistemas de gestión de inventarios. Esta integración les permite acceder y recuperar información en tiempo real, como el historial de pedidos de los clientes, sus preferencias o la disponibilidad de los productos. Al aprovechar estos datos, los chatbots de IA pueden ofrecer recomendaciones personalizadas o adaptar sus respuestas a las necesidades únicas de cada cliente. Este nivel de personalización mejora la experiencia del cliente al hacer que las interacciones sean más relevantes y significativas. También contribuye a aumentar la fidelidad de los clientes y a que repitan.

Los chatbots de IA pueden contribuir a mejorar la eficacia operativa y la productividad de las empresas. Al automatizar las consultas de los clientes y las tareas rutinarias, las empresas pueden liberar valiosos recursos humanos para centrarse en actividades más complejas o estratégicas. Los chatbots de IA pueden gestionar un volumen significativo de consultas de clientes al mismo tiempo, reduciendo la carga de trabajo de los agentes humanos y minimizando la necesidad de personal adicional. Pueden dar respuestas instantáneas sin necesidad de descansos ni vacaciones, garantizando una atención al cliente las 24 horas del día. Esto no sólo permite a las empresas ofrecer un servicio al cliente superior, sino que también reduce los costes operativos y los gastos generales. Los chatbots de IA han surgido como potentes herramientas para proporcionar respuestas instantáneas y precisas a las consultas de los clientes. Su capacidad para procesar grandes cantidades de datos, aprender de las interacciones y ofrecer respuestas rápidas y precisas ha transformado el servicio al cliente en diversos sectores. Al ofrecer respuestas instantáneas, garantizar la precisión y gestionar una amplia gama de consultas, los chatbots de IA mejoran significativamente la satisfacción y el compromiso de los clientes. Contribuyen a mejorar la eficiencia operativa, la productividad y el ahorro de costes de las empresas. A medida que la tecnología de chatbots de IA sigue avanzando, las empresas deben aprovechar esta oportunidad para multiplicar sus resultados y ofrecer experiencias excepcionales a los clientes.

BENEFICIOS DE LOS CHATBOTS EN TÉRMINOS DE MEJORA DEL SERVICIO AL CLIENTE Y REDUCCIÓN DE LOS TIEMPOS DE RESPUESTA

Un aspecto esencial del éxito de cualquier empresa es ofrecer un servicio de atención al cliente excepcional. En la era digital, los avances en inteligencia artificial (IA) han provocado cambios significativos en la forma en que las empresas interactúan con sus clientes. Una aplicación de la IA que ha revolucionado el servicio al cliente es el uso de chatbots. Los chatbots son programas informáticos diseñados para simular una conversación humana y proporcionar respuestas instantáneas a las consultas de los clientes. En los últimos años, los chatbots han ganado popularidad debido a su capacidad para ofrecer un mejor servicio al cliente y reducir los tiempos de respuesta. Una de las principales ventajas de los chatbots es su disponibilidad 24 horas al día, 7 días a la semana, lo que garantiza una asistencia ininterrumpida a los clientes. A diferencia de los agentes humanos, que tienen un horario de trabajo limitado, los chatbots pueden interactuar con los clientes en cualquier momento, de día o de noche. Esta disponibilidad ininterrumpida garantiza que los clientes reciban asistencia rápida, independientemente de la zona horaria en la que se encuentren. La rapidez de las respuestas de los chatbots reduce significativamente los tiempos de espera, aumentando la satisfacción del cliente. En el vertiginoso mundo digital, las personas esperan respuestas instantáneas a sus consultas, y los chatbots las ofrecen. Al responder rápidamente a las preocupaciones de los clientes, los chatbots permiten a las empresas ofrecer un servicio de atención al cliente eficiente, lo que aumenta la fidelidad y la retención de los clientes. Otra ventaja de los chatbots es su capacidad para gestionar varias conversaciones con clientes simultáneamente, lo que aumenta la productividad. A diferencia de los agentes humanos, que sólo pueden gestionar un número limitado de conversaciones a la vez, los chatbots destacan en la multitarea. Esta característica permite a las empresas atender a una mayor base de clientes sin comprometer la calidad del servicio al cliente. Los chatbots pueden recuperar rápidamente información de vastas bases de datos para dar respuestas exactas y precisas a las consultas de los clientes. Esto elimina la necesidad de que los clientes esperen o sean transferidos a diferentes departamentos, ahorrando un tiempo valioso para ambas partes implicadas. Aprovechando la capacidad multitarea de los chatbots, las empresas pueden gestionar eficazmente sus operaciones de atención al cliente, aumentando la eficacia y reduciendo los costes. Además de su eficacia, los chatbots contribuyen a mejorar el servicio al cliente gracias a la coherencia en la transmisión de la información y al cumplimiento de las directrices de la empresa. A diferencia de los agentes humanos, que pueden desviarse inadvertidamente de las políticas de la empresa o dar respuestas incoherentes, los chatbots pueden programarse para cumplir estrictamente unas directrices predefinidas. Esto garantiza una experiencia de atención al cliente estandarizada en todas las interacciones, independientemente de los conocimientos o experiencia del agente humano. Los chatbots siguen un conjunto predeterminado de reglas para ofrecer respuestas precisas y fiables, reduciendo la probabilidad de que los clientes reciban

116

información errónea o confusa. En consecuencia, las empresas pueden confiar en la calidad del servicio que reciben sus clientes, mejorando su reputación e imagen de marca. Los chatbots pueden personalizarse para adaptarse a las necesidades y preferencias de cada cliente. Analizando los datos de los clientes y sus interacciones anteriores, los chatbots pueden ofrecer recomendaciones y sugerencias personalizadas, haciendo que los clientes se sientan valorados y comprendidos. Este toque personalizado establece una conexión emocional positiva entre el cliente y la empresa, fomentando la fidelidad del cliente y la repetición del negocio. Los chatbots pueden adaptar sus respuestas en función de los comentarios de los clientes, mejorando continuamente la experiencia del cliente. Los chatbots ofrecen a las empresas información valiosa sobre las preferencias, necesidades y puntos débiles de los clientes. A medida que los chatbots entablan conversaciones con los clientes, pueden recopilar y analizar datos sobre el comportamiento, las preferencias y las preguntas más frecuentes de los clientes. Esta información puede utilizarse para identificar patrones y tendencias, ayudando a las empresas a comprender mejor a su público objetivo. Con esta información, las empresas pueden desarrollar campañas de marketing específicas, crear productos y servicios a medida y mejorar su estrategia general de atención al cliente. Los chatbots han demostrado ser un activo valioso para las empresas que buscan mejorar el servicio al cliente y reducir los tiempos de respuesta. Su disponibilidad 24 horas al día, 7 días a la semana, garantiza un apoyo ininterrumpido y una asistencia rápida a los clientes, lo que aumenta su satisfacción y fidelidad. La capacidad multitarea de los chatbots y su acceso a grandes bases de datos permiten a las empresas gestionar eficazmente las operaciones de atención al cliente, mejorando la productividad y reduciendo los costes. La entrega coherente de información y el cumplimiento de las directrices de la empresa garantizan una experiencia de atención al cliente estandarizada y fiable. Al personalizar las respuestas y analizar los datos de los clientes, los chatbots establecen una conexión emocional con ellos y proporcionan a las empresas información valiosa. A medida que las empresas sigan aprovechando las tecnologías de IA, como los chatbots, las ventajas de un mejor servicio al cliente y la reducción de los tiempos de respuesta allanarán sin duda el camino para mejorar los resultados empresariales.

C. PERSONALIZACIÓN DE PRODUCTOS Y SERVICIOS CON IA

Personalizar los productos y servicios con IA tiene un enorme potencial para las empresas que desean mejorar la satisfacción del cliente e impulsar el crecimiento de los ingresos. Mediante el uso de algoritmos avanzados y aprendizaje automático, la IA puede analizar grandes cantidades de datos de clientes para obtener información valiosa sobre las preferencias y comportamientos individuales. Estos datos pueden aprovecharse para ofrecer recomendaciones personalizadas, productos a medida y experiencias fluidas que satisfagan las necesidades únicas de cada cliente. Por ejemplo, los chatbots con IA pueden recopilar información sobre las preferencias y compras anteriores de un cliente, lo que permite a las empresas sugerir productos y servicios relevantes en tiempo real. La IA puede analizar los comentarios de los clientes y el análisis de sentimientos para identificar áreas de mejora y aplicar cambios que conduzcan a una mejora de la experiencia del cliente. Aprovechando el poder de la IA, las empresas pueden ir más allá del enfoque de "talla única" y ofrecer a los clientes soluciones altamente personalizadas que no sólo satisfagan sus expectativas, sino que las superen. La capacidad de personalizar productos y servicios ayuda a las empresas a crear una conexión emocional más profunda con los clientes y fomenta la lealtad y la defensa. Cuando los clientes sienten que una empresa comprende y atiende sus necesidades únicas, es más probable que permanezcan fieles y se conviertan en defensores de la marca, lo que en última instancia se traduce en un aumento de las ventas y la retención de clientes. Los productos y servicios personalizados pueden tener precios más elevados, lo que mejora los márgenes de beneficio de las empresas. Una industria que se ha beneficiado enormemente de las capacidades de personalización de la IA es el sector de la moda y la belleza. Las funciones de prueba virtual basadas en IA permiten a los clientes visualizar cómo les quedarían diferentes prendas de ropa o productos de maquillaje sin probárselos físicamente. Analizando las características y preferencias de estilo de un cliente, la IA puede generar recomendaciones personalizadas que se ajusten a sus gustos y tipo de cuerpo, garantizando una experiencia de compra más satisfactoria y cómoda. Los algoritmos de IA también pueden ayudar a crear ropa a medida, lo que ayuda a las empresas a adaptarse a diversas formas y tallas corporales, reduciendo en última instancia las devoluciones y mejorando la satisfacción del cliente. La IA puede ayudar a predecir tendencias analizando los datos de las redes sociales y las tendencias de la moda, lo que permite a las empresas introducir nuevos productos y estilos que resuenen entre su público objetivo. Aparte de la industria de la moda, otros sectores como el comercio electrónico, la hostelería y la sanidad también están aprovechando la IA para personalizar sus ofertas. Gigantes del comercio electrónico como Amazon y Netflix utilizan motores de recomendación impulsados por la IA para ofrecer a sus clientes sugerencias de productos personalizados y contenidos curados, aumentando el compromiso de los clientes e impulsando las ventas. En el sector hotelero, los conserjes virtuales impulsados por la IA pueden mejorar la experiencia hotelera ofreciendo a los clientes recomendaciones personalizadas de restaurantes, visitas turísticas y entretenimiento basadas en sus preferencias e interacciones anteriores. Este enfoque personalizado ayuda a los hoteles a diferenciarse de la competencia y a crear experiencias memorables que fidelizan a los clientes. La IA puede optimizar los servicios sanitarios permitiendo planes de tratamiento personalizados y recomendaciones de medicación basadas en el historial médico y los datos genéticos de los pacientes. Al personalizar los servicios sanitarios, la IA puede ayudar a mejorar los resultados de los pacientes y aumentar la eficacia general de la prestación de asistencia sanitaria.

Aunque el potencial de personalización de la IA es indudablemente prometedor, las empresas deben asegurarse de mantener un equilibrio entre personalización y privacidad. Dado que la IA depende en gran medida de los datos de los clientes, es crucial que las empresas den prioridad a la seguridad de los datos y cumplan la normativa sobre privacidad. La comunicación clara y la transparencia respecto a la recopilación y el uso de datos pueden ayudar a establecer la confianza con los clientes, garantizando que su información se maneja de forma responsable y ética. Las empresas deben asegurarse de obtener el consentimiento explícito de los clientes antes de utilizar sus datos con fines de personalización. Respetando la privacidad de los clientes al tiempo que ofrecen experiencias personalizadas, las empresas pueden establecer relaciones sólidas y duraderas con sus clientes. La personalización de productos y servicios con IA puede revolucionar el modo en que las empresas operan e interactúan con sus clientes. Aprovechando los algoritmos de IA y el aprendizaje automático, las empresas pueden ofrecer recomendaciones personalizadas, productos a medida y experiencias fluidas que se adapten a las necesidades y preferencias individuales de los clientes. Esta capacidad de personalización ayuda a las empresas a fomentar la fidelidad de los clientes, aumentar las ventas y mejorar los márgenes de beneficio. Las empresas también deben dar prioridad a la seguridad y privacidad de los datos para mantener la confianza de los clientes. Mediante una aplicación responsable y ética, el potencial de personalización de la IA puede allanar el camino para mejorar la satisfacción del cliente e impulsar el crecimiento empresarial en diversos sectores.

UTILIZAR ALGORITMOS DE IA PARA ADAPTAR LOS PRODUCTOS Y SERVICIOS A LAS PREFERENCIAS INDIVIDUALES DE LOS CLIENTES

Una forma de multiplicar los resultados empresariales con la IA es utilizar algoritmos de IA para adaptar los productos y servicios a las preferencias de cada cliente. La IA tiene el poder de analizar grandes cantidades de datos y extraer información significativa, que puede utilizarse para personalizar la experiencia del cliente. Al comprender las preferencias de cada cliente, las empresas pueden ofrecer recomendaciones específicas, crear campañas de marketing personalizadas y desarrollar productos que satisfagan necesidades y deseos concretos.

El primer paso en la utilización de algoritmos de IA para adaptar productos y servicios es recopilar datos de los clientes. Esto incluye datos demográficos, historial de compras, comportamiento de navegación e incluso actividad en las redes sociales. Cuantos más datos tenga una empresa sobre sus clientes, mejor podrá comprender sus preferencias y ofrecer recomendaciones personalizadas. Estos datos pueden recopilarse a través de diversos canales, como encuestas en línea, historiales de compra y herramientas de seguimiento de las redes sociales.

Una vez recopilados los datos, pueden utilizarse algoritmos de IA para analizar e interpretar la información. Los algoritmos de aprendizaje automático pueden identificar patrones y correlaciones en los datos, lo que permite a las empresas comprender las preferencias de los clientes y predecir comportamientos futuros. Por ejemplo, si un cliente compra con frecuencia ropa deportiva, el algoritmo puede identificar esta preferencia y recomendar productos similares o informar a la empresa para que cree campañas de marketing dirigidas a la promoción de ropa deportiva. El siguiente paso es utilizar estos conocimientos para adaptar los productos y servicios a las preferencias de cada cliente. La personalización puede adoptar diversas formas, según el tipo de empresa y los productos o servicios ofrecidos. Para las empresas de comercio electrónico, la personalización puede consistir en recomendar productos basándose en compras anteriores o en el historial de navegación. Estas recomendaciones pueden mostrarse en el sitio web o enviarse mediante boletines personalizados por correo electrónico. Los minoristas también pueden aprovechar los algoritmos de IA para crear promociones y descuentos específicos para clientes concretos, aumentando sus posibilidades de realizar una compra.

Además de las recomendaciones de productos, la IA también puede ayudar a las empresas a personalizar sus campañas de marketing. Al comprender las preferencias individuales de los clientes, las empresas pueden crear mensajes y promociones personalizados que resuenen con cada cliente. Por ejemplo, si un cliente ha mostrado interés por los productos ecológicos, una empresa podría crear una campaña de marketing destacando sus prácticas sostenibles u ofreciendo descuentos en productos respetuosos con el medio ambiente. Este nivel de personalización no sólo aumenta la probabilidad de conversión, sino que también refuerza la fidelidad y el compromiso del cliente.

La IA puede utilizarse para desarrollar productos que respondan a las necesidades y deseos específicos de los clientes. Analizando los datos y las preferencias de los clientes, las empresas pueden identificar lagunas en el mercado y crear soluciones innovadoras que satisfagan esas necesidades. Por ejemplo, si un número significativo de clientes prefiere productos orgánicos para el cuidado de la piel, un algoritmo de IA puede poner de relieve esta demanda, impulsando a la empresa a desarrollar una nueva línea de productos orgánicos para el cuidado de la piel. Este enfoque garantiza que las empresas ofrezcan siempre productos y servicios relevantes y deseables para su público objetivo. La personalización mediante algoritmos de IA también se extiende al servicio de atención al cliente. Los chatbots basados en IA pueden ofrecer asistencia personalizada a los clientes respondiendo a sus preguntas, recomendándoles productos y resolviendo sus problemas. Estos chatbots pueden utilizar los datos de los clientes para comprender el contexto y las necesidades específicas de cada cliente, lo que se traduce en una experiencia de atención al cliente más eficaz y personalizada. Esto no sólo mejora la satisfacción del cliente, sino que también reduce la carga de trabajo de los equipos de atención al cliente, permitiéndoles centrarse en tareas más complejas.

Aprovechar los algoritmos de IA para adaptar los productos y servicios a las preferencias de cada cliente ofrece numerosas ventajas a las empresas. Al recopilar y analizar los datos de los clientes, las empresas pueden obtener información valiosa sobre sus preferencias y comportamiento. Estos datos pueden utilizarse para personalizar las recomendaciones de productos, las campañas de marketing e incluso para crear nuevos productos. Este nivel de personalización no sólo aumenta las tasas de conversión, sino que también mejora la satisfacción y la fidelidad de los clientes. El servicio de atención al cliente potenciado por la IA puede ofrecer asistencia personalizada, mejorando la experiencia general del cliente. Utilizar algoritmos de IA para adaptar productos y servicios permite a las empresas satisfacer las necesidades y deseos cambiantes de sus clientes, multiplicando así sus resultados empresariales.

BENEFICIOS DE LA PERSONALIZACIÓN EN TÉRMINOS DE AUMENTO DEL COMPROMISO DEL CLIENTE Y DE LAS VENTAS

Otra ventaja significativa de utilizar la personalización impulsada por la IA es el potencial para aumentar el compromiso de los clientes y, en última instancia, aumentar las ventas. La personalización permite a las empresas ofrecer experiencias personalizadas a clientes individuales, atendiendo a sus necesidades y preferencias específicas. Aprovechando el análisis de datos y los algoritmos de IA, las empresas pueden obtener información valiosa sobre el comportamiento, las preferencias y los patrones de compra de los clientes. Armadas con esta información, las empresas pueden crear campañas de marketing a medida que resuenen con los clientes a un nivel mucho más profundo. Los mensajes personalizados, las promociones y las recomendaciones pueden llegar a los clientes en el momento adecuado y a través de los canales más apropiados, aumentando la probabilidad de compromiso y compra. Cuando los clientes sienten que una marca comprende sus preferencias y trabaja activamente para satisfacer sus necesidades exclusivas, se crea un sentimiento de lealtad y confianza. Al ofrecer productos o servicios adaptados a cada cliente, las empresas pueden fomentar una conexión emocional más fuerte con su público objetivo. Esta conexión emocional se traduce en un mayor compromiso de los clientes, ya que es más probable que interactúen activamente con la marca y proporcionen comentarios valiosos. A través de

127

estas interacciones, las empresas pueden obtener más información sobre las preferencias de los clientes, lo que les permite refinar sus ofertas y proporcionar una experiencia aún más personalizada. En el contexto del comercio electrónico, la personalización impulsada por la IA puede mejorar significativamente la experiencia de compra en línea. Analizando los datos y el comportamiento de los clientes, las empresas pueden crear sitios web dinámicos que se adapten a cada usuario. Los algoritmos de IA pueden presentar a los clientes recomendaciones de productos personalizadas basadas en su historial de navegación, su comportamiento de compra e incluso sus preferencias de clientes similares. Este nivel de personalización hace que la experiencia de compra en línea sea más cómoda y agradable para los clientes, lo que aumenta el compromiso y las ventas. Aprovechando los chatbots con IA, las empresas pueden ofrecer atención al cliente instantánea y personalizada, respondiendo a las consultas y proporcionando asistencia en tiempo real. Esto mejora la satisfacción del cliente y aumenta la probabilidad de que repita la compra. En los entornos minoristas tradicionales, la personalización mediante IA también puede desempeñar un papel crucial para aumentar el compromiso del cliente. Utilizando la tecnología de reconocimiento facial, las empresas pueden identificar a los clientes individuales cuando entran en sus tiendas. Con esta información, los algoritmos de IA pueden crear experiencias de compra personalizadas, como sugerencias de productos a medida, descuentos personalizados o incluso publicidad dirigida en la tienda. Este nivel de atención individualizada hace que los clientes se sientan valorados y les anima a gastar más tiempo y dinero en la tienda. Las empresas pueden utilizar sistemas de gestión de inventario basados en IA para garantizar que los productos que desean los clientes estén siempre en stock, mejorando aún más la experiencia del cliente y aumentando las ventas. Al permitir a los clientes personalizar sus productos, las empresas pueden crear una propuesta de venta única que las diferencie de sus competidores. Las plataformas de personalización basadas en IA pueden permitir a los clientes personalizar varios aspectos de un producto, como su diseño, color o tamaño. Este nivel de personalización permite a los clientes crear un producto que refleje de forma única sus preferencias y personalidad. Esto no sólo aumenta la satisfacción del cliente, sino que también proporciona una valiosa herramienta de marketing. Es más probable que los clientes compartan y promocionen los productos que han personalizado personalmente, lo que aumenta el conocimiento de la marca y las recomendaciones de boca en boca. Este marketing orgánico, impulsado por el cliente, puede contribuir significativamente a aumentar las ventas y el crecimiento empresarial. La personalización impulsada por la IA ofrece varias ventajas en términos de aumento del compromiso de los clientes y de las ventas. Mediante el uso de análisis de datos y algoritmos de IA, las empresas pueden ofrecer experiencias personalizadas y adaptar sus campañas de marketing a cada cliente. Este nivel de personalización fomenta una conexión emocional más fuerte con los clientes, lo que conduce a un mayor compromiso y fidelidad. En el ámbito del comercio electrónico, la personalización impulsada por la IA mejora la experiencia de compra en línea proporcionando recomendaciones personalizadas de productos y asistencia instantánea al cliente. En los entornos minoristas tradicionales, la personalización impulsada por la IA aumenta el com-

promiso del cliente mediante experiencias de compra personalizadas y la gestión del inventario. Al permitir a los clientes personalizar los productos, las empresas pueden crear una propuesta de venta única que las distinga de sus competidores, al
tiempo que se benefician del marketing orgánico impulsado por
el cliente. La personalización impulsada por la IA tiene el potencial de revolucionar las operaciones empresariales e impulsar un
crecimiento significativo ofreciendo experiencias personalizadas
a los clientes. Una de las formas más notables de multiplicar los
resultados empresariales con la IA es mediante la incorporación
de modelos de aprendizaje automático. El aprendizaje automático es un subconjunto de la IA que se centra en la capacidad
de los sistemas informáticos para aprender y mejorar automáticamente a partir de la experiencia sin ser programados explícitamente. Aprovechando los modelos de aprendizaje automático, las empresas pueden obtener valiosas perspectivas y predicciones basadas en grandes cantidades de datos. Por ejemplo,
las empresas pueden utilizar modelos de análisis predictivo para
prever tendencias de mercado, optimizar estrategias de precios
e identificar riesgos potenciales. Estos modelos pueden analizar
patrones de datos históricos, comportamiento de los clientes,
indicadores económicos y otros factores relevantes para generar
predicciones precisas sobre resultados futuros. Esto no sólo permite a las empresas tomar decisiones más informadas, sino que
también les ayuda a identificar oportunidades sin explotar y a
aplicar estrategias proactivas. Los modelos de aprendizaje automático pueden entrenarse para reconocer patrones y anomalías en los datos, lo que aumenta la eficacia en la detección del
fraude, la ciberseguridad y la gestión del riesgo. Al automatizar
estas tareas, las empresas pueden ahorrar tiempo y recursos

sustanciales, al tiempo que mejoran la precisión y eficacia de sus procesos. Otra área en la que el aprendizaje automático ha demostrado ser extremadamente beneficioso es en la personalización de las experiencias de los clientes. Los sistemas de recomendación basados en IA pueden analizar grandes cantidades de datos de clientes, como compras anteriores, historial de navegación y preferencias, para ofrecer recomendaciones, ofertas y anuncios personalizados. Esto ayuda a las empresas a aumentar el compromiso, la fidelidad y la satisfacción general de los clientes. El aprendizaje automático puede utilizarse para automatizar los servicios de atención al cliente mediante chatbots y asistentes virtuales. Estos sistemas automatizados pueden entender y responder con precisión a las consultas de los clientes, proporcionar información relevante y resolver los problemas a tiempo. De este modo, las empresas pueden mejorar el servicio al cliente y reducir los costes asociados al personal de asistencia manual. En el ámbito del marketing, la IA puede revolucionar las campañas publicitarias dirigiéndose al público adecuado con mensajes personalizados. Mediante algoritmos avanzados y técnicas de aprendizaje automático, las empresas pueden optimizar sus esfuerzos publicitarios identificando y centrándose en los segmentos de clientes más valiosos. La IA puede analizar conjuntos de datos amplios y diversos, como datos demográficos, intereses, comportamiento en línea e historial de compras, para crear perfiles de clientes precisos. Aprovechando estos conocimientos, las empresas pueden realizar campañas publicitarias muy específicas y eficaces que produzcan mayores tasas de conversión y rentabilidad de la inversión. Además, la IA puede ayudar a las empresas a racionalizar y automatizar sus procesos de gestión de la cadena de suministro. Por ejemplo, utilizando modelos de aprendizaje automático, las empresas pueden prever con precisión la demanda, optimizar los niveles de inventario y mejorar las operaciones logísticas. Esto no sólo reduce los costes asociados al exceso de inventario y las roturas de stock, sino que también mejora la satisfacción del cliente mediante entregas puntuales y precisas. La IA puede ayudar a las empresas a mejorar su proceso de toma de decisiones. Al analizar grandes cantidades de datos procedentes de diversas fuentes, la IA puede proporcionar a los ejecutivos y directivos ideas y recomendaciones en tiempo real. Esto favorece la toma de decisiones basada en datos, lo que permite a las empresas adaptarse rápidamente a las cambiantes condiciones del mercado, tomar decisiones estratégicas con conocimiento de causa y mantenerse por delante de la competencia. Por ejemplo, las plataformas de análisis de datos basadas en IA pueden proporcionar a las empresas información valiosa sobre el comportamiento de los clientes, las tendencias del mercado y las estrategias de la competencia. Analizando estos datos, las empresas pueden identificar áreas de mejora, desarrollar campañas de marketing eficaces y tomar decisiones informadas sobre precios y desarrollo de productos. La IA también puede desempeñar un papel crucial en la mejora de la eficacia y la eficiencia de los procesos internos. Al automatizar las tareas rutinarias y repetitivas, las empresas pueden liberar tiempo de los empleados para que se centren en actividades más estratégicas y creativas. Por ejemplo, el software impulsado por IA puede automatizar la introducción de datos, el procesamiento de documentos y el análisis financiero, reduciendo los errores y aumentando la productividad. La IA puede mejorar la formación y el desarrollo de los empleados. Los sistemas de tutoría inteligente pueden personalizar las experiencias de aprendizaje basándose en los puntos fuertes y débiles de cada individuo y en su estilo de aprendizaje. Esto conduce a una mejor adquisición de habilidades, retención de conocimientos y rendimiento general. La IA tiene el potencial de multiplicar enormemente los resultados empresariales en diversas áreas y funciones. Aprovechando los modelos de aprendizaje automático, las empresas pueden obtener valiosos conocimientos y predicciones, personalizar las experiencias de los clientes, optimizar las campañas publicitarias, automatizar procesos, mejorar la toma de decisiones y potenciar el desarrollo de los empleados. La incorporación de tecnologías de IA puede ayudar a las empresas a obtener una ventaja competitiva, aumentar la eficiencia, reducir costes y, en última instancia, alcanzar sus objetivos con mayor éxito.

V. SUPERAR LOS RETOS DE LA IMPLANTACIÓN DE LA IA

La implantación de la IA en un entorno empresarial no está exenta de desafíos. En primer lugar, uno de los principales obstáculos para el éxito de la implantación de la IA es la falta de comprensión y el escepticismo de los empleados. Muchas personas temen que la IA sustituya sus puestos de trabajo o disminuya su importancia dentro de la organización. Esta resistencia puede superarse mediante iniciativas eficaces de comunicación y formación. Aclarando el papel de la IA como herramienta para aumentar la inteligencia humana en lugar de sustituirla, se puede animar a los empleados a adoptar la tecnología y reconocer sus ventajas. Otro obstáculo importante es la disponibilidad y calidad de los datos. Los algoritmos de IA dependen en gran medida de conjuntos de datos grandes y diversos para funcionar eficazmente. Muchas organizaciones luchan contra la fragmentación de los datos y el aislamiento de la información, lo que dificulta la recopilación de datos suficientes para la implantación de la IA. Este reto puede abordarse mediante iniciativas de integración de datos destinadas a consolidar y organizar los datos procedentes de distintas fuentes. Las organizaciones deben garantizar la calidad y exactitud de sus datos, ya que los datos inexactos o incompletos pueden dar lugar a algoritmos sesgados y percepciones engañosas. Las consideraciones éticas suponen un reto para la implantación con éxito de la IA. El uso de la IA plantea problemas de privacidad, seguridad y sesgo algorítmico. Las organizaciones deben sortear complejos dilemas éticos para garantizar que las tecnologías de IA se utilicen de forma responsable y conforme a las normas legales y sociales. Esto puede lograrse estableciendo directrices y políticas claras en torno a la privacidad y la seguridad de los datos, así como aplicando salvaguardias para evitar la parcialidad y la discriminación en los modelos de IA. Los retos técnicos también impiden la implantación de la IA. Desarrollar y mantener sistemas de IA requiere conocimientos tecnológicos avanzados e infraestructura. Muchas organizaciones carecen de las capacidades y los recursos técnicos necesarios, lo que dificulta la implantación y el mantenimiento de las soluciones de IA. Para superar este obstáculo, las asociaciones con proveedores de tecnología de IA o la contratación de expertos en IA pueden proporcionar a las organizaciones los conocimientos y el apoyo necesarios. La colaboración con expertos externos puede acelerar el proceso de implantación y garantizar el éxito a largo plazo de las iniciativas de IA. La resistencia cultural dentro de las organizaciones puede ser un obstáculo importante para la implantación de la IA. Algunos empleados pueden resistirse al cambio o carecer de los conocimientos digitales necesarios para adoptar plenamente las tecnologías de IA. Superar este reto requiere un cambio cultural dentro de la organización. Las organizaciones deben fomentar una cultura de aprendizaje e innovación continuos, proporcionando a los empleados la formación y los recursos necesarios para comprender y utilizar eficazmente las tecnologías de IA. La creación de un entorno solidario e integrador animará a los empleados a adoptar la IA e impulsará su implantación con éxito. Los costes suponen un reto para la adopción generalizada de la IA. La implantación de tecnologías de IA puede requerir una inversión financiera significativa, especialmente para las pequeñas y medianas empresas. Los elevados costes asociados a la implantación de la IA, incluida la infraestructura, la formación y el mantenimiento, pueden disuadir a las organizaciones de embarcarse en el viaje de la IA. Para superar este reto, las empresas pueden explorar modelos de costes compartidos, como las soluciones de IA basadas en la nube o los servicios de suscripción, que proporcionan acceso a las tecnologías de IA sin una inversión inicial significativa. Las organizaciones pueden dar prioridad a las iniciativas de IA en función de su potencial retorno de la inversión, y ampliarlas gradualmente a medida que observen resultados tangibles. Para implantar con éxito la IA en un entorno empresarial es necesario abordar varios retos. Superar el escepticismo de los empleados, la disponibilidad y calidad de los datos, las consideraciones éticas, los conocimientos técnicos, la resistencia cultural y las consideraciones de costes son cruciales para la adopción y utilización generalizadas de las tecnologías de IA. Al abordar activamente estos retos y fomentar un entorno de apoyo e inclusión, las organizaciones pueden aprovechar el poder transformador de la IA para impulsar la innovación, mejorar los procesos de toma de decisiones y multiplicar sus resultados empresariales.

138

A. PROBLEMAS DE GESTIÓN DE DATOS Y PRIVACIDAD

A medida que las empresas confían cada vez más en los algoritmos de IA para analizar grandes volúmenes de datos, es esencial abordar los retos asociados a la gestión de datos y los problemas de privacidad. En primer lugar, la gestión de datos se vuelve crucial a medida que las empresas recopilan grandes cantidades de datos de diversas fuentes. Esto incluye información sobre clientes, historial de compras, interacciones en redes sociales y patrones de navegación. En consecuencia, las organizaciones deben establecer sistemas sólidos de gestión de datos que garanticen su seguridad, exactitud y accesibilidad. La implantación de marcos eficaces de gobernanza de datos que describan las políticas de uso, almacenamiento y retención de datos puede mejorar las prácticas de gestión de datos. Las empresas deben centrarse en adoptar estrategias sólidas de integración de datos para garantizar que las diversas fuentes de datos puedan incorporarse eficazmente a los sistemas de IA. Aparte de la gestión de datos, las cuestiones de privacidad también son importantes, ya que las organizaciones manejan información personal y sensible. La recopilación y utilización de datos personales, sobre todo en aplicaciones de IA como los sistemas de recomendación o la publicidad dirigida, han suscitado preocupación por la violación de la privacidad y el uso indebido de los datos. Para hacer frente a estas preocupaciones, las empresas deben garantizar el cumplimiento de la normativa de protección de datos, como el Reglamento General de Protección de Datos (RGPD) en Europa o la Ley de Privacidad del Consumidor de California (CCPA) en Estados Unidos. Estas normativas obligan a las empresas a obtener el consentimiento explícito del usuario para la recogida y el tratamiento de datos, así como a proporcionar a los individuos el derecho a acceder, modificar o eliminar su información personal. Dedicar recursos a medidas de protección de la privacidad, como la encriptación, la anonimización y los controles de acceso, es crucial para mantener la confianza del público y minimizar los riesgos de violación de datos o de acceso no autorizado. La gestión de datos y los problemas de privacidad están estrechamente relacionados, ya que unas prácticas eficaces de gestión de datos pueden ayudar a abordar los problemas de privacidad. Al incorporar principios de privacidad por diseño en los sistemas de IA, las empresas pueden incorporar medidas de protección de datos desde las primeras fases de desarrollo. Esto incluye la aplicación de técnicas como la privacidad diferencial, que añade ruido a los datos para evitar la reidentificación de las personas. Aplicando estas tecnologías de mejora de la privacidad, las organizaciones pueden lograr un equilibrio entre la utilización de datos valiosos para los algoritmos de IA y la salvaguarda de la privacidad de las personas. Adoptar marcos de intercambio de datos que preserven la privacidad, como el aprendizaje federado, permite a varias organizaciones colaborar y entrenar modelos de IA colectivamente sin compartir datos brutos. De este modo, se pueden mitigar los problemas de privacidad, a la vez que se aprovechan los conocimientos e ideas compartidos. Aunque la gestión de datos y los problemas de privacidad plantean retos, también ofrecen oportunidades para que las empresas se diferencien. Las empresas que pueden demostrar prácticas eficaces de gestión de datos y medidas sólidas de protección de la privacidad obtienen una ventaja competitiva en la economía actual impulsada por los datos. La conciencia pública sobre la privacidad de los datos ha aumentado sustancialmente en los últimos años, lo que lleva a los clientes a dar prioridad a las empresas que respetan sus derechos de privacidad. Por tanto, las empresas que dan prioridad a la protección de datos y comunican activamente sus medidas de privacidad pueden generar confianza, lealtad y una imagen de marca positiva. Hacer hincapié en los enfoques de gestión de datos centrados en el cliente, como ofrecer transparencia sobre el uso de los datos y otorgar a las personas el control sobre sus datos, puede reforzar aún más las relaciones con los clientes y mejorar la reputación. Las organizaciones que invierten en la gestión de datos y dan prioridad a la privacidad pueden aprovechar el creciente mercado de soluciones éticas de IA. Con el aumento de las aplicaciones de IA en todos los sectores, existe una demanda de sistemas de IA transparentes, justos y responsables. Garantizando prácticas responsables de gestión de datos y cumpliendo la normativa sobre privacidad, las empresas pueden ofrecer soluciones éticas de IA que prioricen la privacidad del usuario y mitiguen los sesgos o la discriminación. Estas soluciones éticas de IA que priorizan la gestión de datos y la privacidad pueden atraer a clientes con conciencia social, fomentar la innovación e impulsar el crecimiento sostenible. La gestión de datos y la privacidad son aspectos críticos para maximizar los beneficios de las tecnologías de IA para las empresas. La gestión eficaz de grandes cantidades de datos y el tratamiento de los problemas de privacidad no sólo garantizan el cumplimiento de la normativa, sino que también ayudan a generar confianza y fidelidad en los clientes. Adoptando marcos sólidos de gobernanza de datos, integrando diversas fuentes de datos e incorporando principios de privacidad mediante el diseño, las empresas pueden lograr un equilibrio entre la utilización de datos para los algoritmos de IA y la salvaguardia de la privacidad de las personas. Dar prioridad a la gestión de datos y la privacidad puede diferenciar a las empresas, atraer clientes y aprovechar el creciente mercado de soluciones éticas de IA. Las organizaciones deben reconocer y abordar los problemas de gestión de datos y privacidad para multiplicar sus resultados empresariales con la IA.

CUESTIONES RELACIONADAS CON LA RECOPILACIÓN, EL ALMACENAMIENTO Y LA PRIVACIDAD DE LOS DATOS

A medida que las empresas confían cada vez más en la inteligencia artificial (IA) para multiplicar sus resultados, la recopilación y el almacenamiento de grandes cantidades de datos se han vuelto esenciales para una aplicación eficaz. Esta práctica plantea varias cuestiones éticas y jurídicas que exigen una cuidadosa consideración. Una cuestión clave se refiere a los métodos por los que se adquieren los datos. Aunque parte de la información puede ser facilitada voluntariamente por los individuos, como cuando se suscriben a un servicio o realizan una compra, la obtención de datos sin consentimiento explícito constituye una violación de la privacidad. Las empresas deben asegurarse de que cumplen las leyes y reglamentos pertinentes relativos a la recopilación de datos, como el Reglamento General de Protección de Datos (RGPD) de la Unión Europea, que hace hincapié en la importancia de obtener un consentimiento informado. Las empresas deben abordar las preocupaciones en torno al almacenamiento de los datos recopilados. Con la llegada de la computación en nube, la capacidad de almacenar grandes cantidades de datos se ha vuelto rentable y cómoda. Este enfoque centralizado también plantea riesgos, ya que resulta crucial salvaguardar los datos almacenados de accesos no autorizados o posibles violaciones. Esto requiere medidas de seguridad estrictas para proteger la información sensible, incluido el uso de cifrado y cortafuegos. Las empresas deben actualizar periódicamente sus protocolos de seguridad para adelantarse a las amenazas emergentes y garantizar el almacenamiento seguro de los datos. La preocupación por la privacidad también se deriva del posible uso indebido de los datos recopilados. En un entorno empresarial impulsado por la IA, los datos se utilizan a menudo para entrenar modelos de aprendizaje automático o hacer recomendaciones personalizadas a los usuarios. Aunque esto puede mejorar las experiencias de los usuarios y los resultados empresariales, existe una delgada línea entre aprovechar los datos y vulnerar los derechos de privacidad. Las empresas deben establecer directrices claras sobre el uso de los datos personales, asegurándose de que sean anónimos y agregados siempre que sea posible. De este modo, pueden mitigar el riesgo de revelar inadvertidamente información sensible, sin dejar de cosechar los beneficios de las aplicaciones de IA basadas en datos. La transparencia es otro aspecto crítico relacionado con la recopilación, el almacenamiento y la privacidad de los datos. Las empresas deben esforzarse por mantener una comunicación abierta y honesta con sus usuarios, informándoles sobre los tipos de datos que se recopilan y cómo se utilizarán. Siendo transparentes, las empresas pueden establecer confianza con sus usuarios y construir relaciones duraderas. La transparencia puede ayudar a evitar cualquier posible reacción o repercusión legal derivada de la falta de consentimiento explícito o de prácticas de datos no reveladas. Para abordar los problemas de privacidad, el concepto de minimización de datos ha ganado adeptos. La minimización de datos implica recopilar sólo la información necesaria para fines específicos, reduciendo así la cantidad de datos potencialmente sensibles que se almacenan.

Practicando la minimización de datos, las empresas pueden minimizar su exposición a los riesgos de privacidad y limitar el impacto potencial de una violación de datos. Este principio se alinea con la noción de privacidad por diseño, que aboga por que las consideraciones de privacidad se incorporen a la arquitectura del sistema desde el principio, en lugar de ser una idea tardía. Las empresas deben ser conscientes de las preocupaciones emergentes en torno a la protección de datos. A medida que evoluciona la tecnología, también lo hacen los retos asociados. Por ejemplo, el auge de los dispositivos del Internet de las Cosas (IoT) plantea nuevos riesgos en términos de recopilación de datos y privacidad. La naturaleza interconectada de estos dispositivos puede llevar a la acumulación de gran cantidad de información personal, lo que exige que las empresas apliquen las salvaguardias adecuadas y medidas de seguridad a nivel de dispositivo. Los avances en IA plantean el dilema ético de las falsificaciones profundas y su posible impacto en la privacidad. Los deepfakes, que consisten en manipular vídeos o imágenes para crear contenidos realistas pero falsos, subrayan la urgencia de que las empresas desarrollen estrategias para combatir la desinformación y proteger la privacidad de las personas.

Las cuestiones relacionadas con la recopilación, el almacenamiento y la privacidad de los datos son primordiales en el panorama empresarial actual impulsado por la IA. Para multiplicar eficazmente sus resultados con la IA, las empresas deben dar prioridad a las implicaciones éticas y legales de la recopilación de datos, asegurándose de que se obtiene el consentimiento al adquirir la información y siguiendo la normativa establecida. El almacenamiento de datos debe abordarse con precaución y medidas de seguridad sólidas para salvaguardar la información sensible de accesos no autorizados. Los problemas de privacidad pueden abordarse anonimizando y agregando los datos personales siempre que sea posible, manteniendo al mismo tiempo la transparencia con los usuarios sobre las prácticas relativas a los datos. Los principios de minimización de datos y privacidad por diseño son esenciales para minimizar los riesgos y proteger la privacidad de las personas. Las empresas deben permanecer vigilantes para adaptarse a las preocupaciones emergentes, como las que plantean los dispositivos IoT o las implicaciones éticas de los deepfakes. Sólo abordando estas cuestiones podrán las empresas aprovechar todo el potencial de la IA, garantizando al mismo tiempo la protección de los derechos de privacidad.

ESTRATEGIAS PARA GARANTIZAR UN USO ÉTICO Y SEGURO DE LOS DATOS DE LOS CLIENTES

Las estrategias para garantizar un uso ético y seguro de los datos de los clientes son cruciales en el actual panorama empresarial impulsado por los datos. En primer lugar, las empresas deben centrarse en establecer directrices y políticas éticas claras que rijan la recopilación, el almacenamiento y el uso de los datos de los clientes. Estas directrices deben dar prioridad a la transparencia y al consentimiento informado, garantizando que los clientes sean plenamente conscientes de cómo se utilizarán sus datos y tengan la opción de excluirse si lo desean. Las empresas deben invertir en medidas sólidas de seguridad de los datos, como la encriptación y los cortafuegos, para proteger los datos de los clientes de accesos no autorizados y violaciones. Las auditorías y evaluaciones de seguridad periódicas pueden ayudar a identificar vulnerabilidades y garantizar el cumplimiento de la normativa de protección de datos. En segundo lugar, las empresas deben considerar la adopción de tecnologías de mejora de la privacidad (PET) para salvaguardar los datos de los clientes. Tecnologías como la privacidad diferencial y el cifrado homomórfico permiten a las empresas analizar los datos de los clientes preservando la privacidad. Al anonimizar y agregar datos, las empresas pueden obtener información valiosa sin comprometer la identidad de las personas. En tercer lugar, las empresas deben dar prioridad a las prácticas de gobernanza de datos que promuevan un uso responsable de los mismos. Esto incluye la aplicación de controles estrictos de acceso a los datos y la realización de auditorías periódicas de los datos para garantizar el cumplimiento de las políticas internas y las normativas externas. Las empresas también deben establecer acuerdos sólidos de intercambio de datos cuando colaboren con terceros, asegurándose de que estos socios disponen de medidas adecuadas para proteger los datos de los clientes. En cuarto lugar, las empresas deben cultivar una cultura de ética de los datos y conciencia de la privacidad dentro de sus organizaciones. Esto incluye proporcionar programas de formación exhaustivos para educar a los empleados sobre la importancia de las prácticas éticas de datos y la protección de la privacidad. Los empleados deben estar equipados con los conocimientos y herramientas necesarios para manejar los datos de los clientes de forma responsable. Las empresas deben nombrar responsables internos de protección de datos que puedan supervisar los esfuerzos de cumplimiento, abordar las preocupaciones de los clientes y actuar como punto de contacto para los problemas de privacidad de los datos. Las empresas deben comprometerse proactivamente con los clientes y recabar su opinión para mejorar las prácticas de privacidad de los datos. Esto puede implicar solicitar el consentimiento y las preferencias a intervalos regulares, proporcionar avisos de privacidad claros y concisos, y ofrecer a los clientes un mayor control sobre sus datos mediante ajustes de privacidad fáciles de usar. Al implicar activamente a los clientes en la conversación sobre la privacidad de los datos, las empresas pueden generar confianza, mejorar las relaciones con los clientes y diferenciarse en el mercado. El uso ético y seguro de los datos de los clientes es esencial para las empresas hoy en día. Estableciendo directrices éticas, invirtiendo en medidas de seguridad de los datos, adoptando PET, aplicando prácticas de gobierno de los datos, cultivando una cultura de ética de los datos y comprometiéndose con los clientes, las empresas pueden garantizar el uso responsable y seguro de los datos de los clientes. Estas estrategias no sólo protegen la privacidad de los clientes, sino que también aumentan su confianza, fomentan las relaciones a largo plazo e impulsan el crecimiento empresarial.

B. CARENCIAS DE COMPETENCIAS Y TALENTO EN LA ADOPCIÓN DE LA IA

Un reto importante al que se enfrentan las organizaciones en su camino hacia la adopción de la IA es la escasez de profesionales cualificados que posean los conocimientos necesarios para implantar y gestionar eficazmente los sistemas de IA. Aunque el campo de la IA ha experimentado rápidos avances e innovaciones en los últimos años, la oferta de profesionales con las habilidades y conocimientos necesarios ha tenido dificultades para seguir el ritmo. Como resultado, las empresas se encuentran a menudo con un déficit de talentos, lo que obstaculiza su progreso en la adopción de la IA. La IA es un campo complejo y en constante evolución, que exige un conjunto diverso de habilidades que incluye experiencia en aprendizaje automático, ciencia de datos, lenguajes de programación y desarrollo de algoritmos. La escasez de personas competentes en estas áreas es una de las principales razones de la falta de competencias en la adopción de la IA. Muchas organizaciones luchan por encontrar profesionales que puedan comprender y navegar por las complejidades de los algoritmos de IA, así como aplicar eficazmente modelos estadísticos para analizar grandes cantidades de datos. Seguir el ritmo de los nuevos avances en IA requiere profesionales que estén continuamente aprendiendo y actualizando sus conocimientos, lo que se traduce en una necesidad constante de formación continua y programas de desarrollo dentro de las organizaciones. Además de los conocimientos técnicos necesarios, las organizaciones también se enfrentan a una escasez de talentos que posean la perspicacia empresarial necesaria para salvar la distancia entre las tecnologías de IA y su aplicación práctica en un contexto empresarial. Aunque los conocimientos técnicos son vitales, deben complementarse con un profundo conocimiento de los objetivos, la estrategia y los procesos específicos de la organización. Esta fusión de conocimientos técnicos y estratégicos permite a los profesionales de la IA identificar y aprovechar las oportunidades de la IA que se alinean con los objetivos de la empresa, maximizando así el potencial de la adopción de la IA para obtener resultados tangibles. Por desgracia, las personas que poseen este conjunto de habilidades holísticas están muy solicitadas, lo que provoca una escasez de talentos en este sentido. La escasez de profesionales cualificados en IA supone un reto importante para las empresas que desean adoptar tecnologías de IA. Su capacidad para implantar con éxito y obtener valor de la IA está directamente ligada a la disponibilidad de profesionales que posean las habilidades necesarias. En consecuencia, las organizaciones deben invertir en atraer y retener a los mejores talentos en IA ofreciendo salarios competitivos, proporcionando oportunidades de aprendizaje y desarrollo continuos, y creando un entorno de trabajo propicio que fomente la innovación y la colaboración. Las empresas pueden asociarse con instituciones académicas y organizaciones de la industria para establecer programas de prácticas, aprendizaje y tutoría con el fin de alimentar una cantera de profesionales cualificados que puedan contribuir a los esfuerzos de adopción de la IA. Otro enfoque para abordar las lagunas de capacidades y talento en la adopción de la IA es la mejora de las cualificaciones de los empleados actuales. Este enfoque no sólo ayuda a las empresas a superar la escasez de profesionales cualificados, sino que también les permite aprovechar los conocimientos y la experiencia de su mano de obra actual. Las organizaciones pueden establecer programas de formación en IA para dotar a los empleados de las habilidades técnicas y los conocimientos necesarios para utilizar eficazmente las tecnologías de IA. Los programas de perfeccionamiento pueden ir desde talleres de corta duración a cursos de certificación más amplios, diseñados para atender a empleados con distintos niveles de competencia técnica. Al invertir en su plantilla actual, las organizaciones pueden aprovechar el potencial colectivo de sus empleados, fomentando una cultura de aprendizaje e innovación continuos. Las organizaciones pueden tratar de aprovechar los recursos externos, como consultores y trabajadores autónomos, para colmar temporalmente las lagunas de capacidades y talento. Este enfoque permite a las empresas recurrir a un conjunto diverso de profesionales especializados que pueden aportar su experiencia en ámbitos o proyectos específicos de IA. Mediante la contratación de recursos externos, las organizaciones pueden acceder a habilidades y experiencia inmediatas, al tiempo que ofrecen a los empleados internos la oportunidad de aprender y colaborar con estos expertos, mejorando así su propio conjunto de habilidades y contribuyendo a la estrategia de desarrollo del talento a largo plazo de la organización. Las carencias de habilidades y talento en la adopción de la IA son obstáculos importantes que las organizaciones deben superar para aprovechar eficazmente el potencial de las tecnologías de IA. La escasez de profesionales cualificados que posean los conocimientos técnicos y la perspicacia empresarial necesarios supone un reto para las empresas que quieren adoptar e implantar sistemas de IA.

Las organizaciones pueden abordar estas carencias invirtiendo en atraer y retener a los mejores talentos, mejorando la cualificación de su plantilla actual y aprovechando los recursos externos. Al invertir en el desarrollo de una mano de obra cualificada, las empresas pueden mejorar sus esfuerzos de adopción de la IA, multiplicando su potencial para lograr resultados empresariales significativos mediante la IA.

RETOS EN LA CONTRATACIÓN Y FORMACIÓN DE EMPLEADOS EXPERTOS EN IA

Un reto importante al que se enfrentan las organizaciones en el ámbito de la IA es la contratación y formación de empleados con experiencia en este campo. Con la creciente demanda de talentos en IA, la competencia entre empresas para atraer a personas con las aptitudes necesarias se ha vuelto intensa. La escasez de profesionales cualificados capaces de trabajar con tecnologías de IA supone un obstáculo para la aplicación eficaz de estrategias de IA en las empresas. La rápida evolución de las técnicas y algoritmos de IA requiere un aprendizaje y una actualización continuos de los empleados existentes. Esto implica que las organizaciones deben invertir en programas de formación exhaustivos para garantizar que su plantilla se mantiene al día de los últimos avances en IA. Desarrollar estas iniciativas de formación no es una tarea sencilla. Requiere una cuidadosa consideración de las necesidades individuales y los estilos de aprendizaje, así como importantes inversiones financieras y de tiempo. Ofrecer a los empleados la oportunidad de adquirir experiencia práctica con las tecnologías de IA puede ser un reto debido al coste y a la disponibilidad de herramientas y recursos específicos. Así pues, las organizaciones deben abordar estos retos de contratación y formación para aprovechar eficazmente las ventajas de la IA. En el ámbito de la contratación, las organizaciones suelen tener dificultades para atraer a profesionales de la IA debido a su elevada demanda y a la escasa oferta. La creciente dependencia de las tecnologías de IA en diversos sectores ha creado una feroz competencia por la limitada reserva de talento disponible. Como resultado, las organizaciones deben adoptar estrategias de contratación innovadoras para atraer a candidatos altamente cualificados. Esto incluye ofrecer paquetes salariales competitivos, acuerdos laborales flexibles y atractivas oportunidades de desarrollo profesional. Las organizaciones pueden establecer asociaciones con instituciones académicas y centros de investigación para promover la educación en IA y animar a los estudiantes a seguir carreras en este campo. Colaborar con estas instituciones puede ayudar a las organizaciones a identificar y contratar a personas con talento que posean la experiencia en IA deseada. Las organizaciones pueden explorar los mercados mundiales de talentos, aprovechando las opciones de trabajo a distancia y los visados para acceder a profesionales cualificados en IA de diversos lugares. Estas estrategias de contratación pueden mejorar significativamente la capacidad de las organizaciones para adquirir el talento de IA necesario. Una vez contratados los empleados expertos en IA, las organizaciones se enfrentan al reto de proporcionarles la formación necesaria para mantener actualizadas sus habilidades. El campo de la IA evoluciona constantemente, con avances e innovaciones que se producen a un ritmo rápido. Esto requiere una educación y formación continuas para garantizar que los empleados se mantengan al tanto de las últimas técnicas y algoritmos de IA. Las organizaciones pueden afrontar este reto desarrollando programas de formación completos que se centren tanto en los conocimientos teóricos como en las aplicaciones prácticas de la IA. Estos programas deben abarcar diversos aspectos de la IA, como el aprendizaje automático, el procesamiento del lenguaje natural, la visión por ordenador y el aprendizaje profundo. Las organizaciones pueden animar a sus empleados a participar en programas de formación externos, talleres y conferencias para exponerlos a diversas perspectivas y mantenerlos al día de las tendencias emergentes en este campo. Al invertir en iniciativas de aprendizaje continuo, las organizaciones pueden fomentar una cultura de innovación y asegurarse de que sus empleados están equipados con las habilidades necesarias para aprovechar la IA con eficacia.

Otro reto de la formación de empleados expertos en IA consiste en proporcionarles experiencia práctica en el trabajo con herramientas y tecnologías de IA. La exposición práctica es crucial para que los empleados desarrollen una comprensión profunda de los conceptos de IA y adquieran destreza en la aplicación de soluciones de IA. El acceso a las herramientas y recursos necesarios para la experiencia práctica puede ser costoso y limitado. Para superar este reto, las organizaciones pueden establecer colaboraciones con proveedores de tecnología de IA e instituciones de investigación para acceder a herramientas y recursos de IA de vanguardia. Las organizaciones pueden crear laboratorios dedicados a la IA o centros de innovación dentro de sus instalaciones para proporcionar a los empleados un entorno propicio para la experimentación y el aprendizaje. Estos espacios pueden equiparse con el hardware y el software necesarios para que los empleados trabajen en proyectos de IA y adquieran experiencia práctica. Al invertir en la infraestructura y los recursos necesarios para la formación práctica en IA, las organizaciones pueden asegurarse de que sus empleados tengan las habilidades y la confianza necesarias para aplicar las técnicas de IA en escenarios empresariales del mundo real. La contratación y la formación de empleados con conocimientos de IA plantean importantes retos a las organizaciones. La escasez de talento en IA, la necesidad de aprendizaje continuo y la exposición práctica requerida hacen que sea crucial que las empresas aborden estos retos con eficacia. Las organizaciones deben adoptar estrategias de contratación innovadoras, como ofrecer paquetes competitivos y establecer asociaciones con instituciones académicas, para atraer a profesionales de la IA altamente cualificados. Desarrollar programas de formación exhaustivos y proporcionar acceso a recursos y herramientas prácticas es esencial para garantizar que los empleados se mantengan al día de los últimos avances en IA. Superando estos retos, las organizaciones pueden aprovechar el inmenso potencial de la IA y multiplicar sus resultados empresariales.

ESTRATEGIAS PARA ABORDAR LAS CARENCIAS DE COMPETENCIAS Y FOMENTAR UNA CULTURA DE ADOPCIÓN DE LA IA

Las estrategias para hacer frente a las carencias de competencias y fomentar una cultura de adopción de la IA requieren un enfoque polifacético que combine programas de formación, oportunidades de tutoría y colaboración entre el mundo académico, la industria y las entidades gubernamentales. En primer lugar, las organizaciones deben invertir en programas integrales de formación para colmar el déficit de competencias y dotar a los empleados de los conocimientos y la experiencia necesarios en tecnologías de IA. Estos programas deben abarcar tanto las habilidades técnicas, como la programación y el análisis de datos, como los conocimientos específicos de cada ámbito para garantizar que los empleados comprendan las aplicaciones concretas de la IA en sus respectivos campos. Las organizaciones deberían ofrecer programas de tutoría para emparejar a los empleados con profesionales de la IA experimentados que puedan guiarles en el proceso de aprendizaje y proporcionarles valiosas perspectivas y escenarios de aplicación en el mundo real.

La colaboración entre el mundo académico, la industria y las entidades gubernamentales es esencial para crear un ecosistema sólido que apoye la adopción de la IA. Las universidades pueden desempeñar un papel vital en el desarrollo de planes de estudios y programas de investigación centrados en la IA y las tecnologías relacionadas, permitiendo a los estudiantes adquirir experiencia práctica y profundizar en su comprensión de los principios de la IA. Las asociaciones de la industria con las universidades también pueden fomentar los proyectos de investigación en colaboración y las prácticas, proporcionando a los estudiantes una exposición práctica a la aplicación de la IA en contextos del mundo real. Las organizaciones gubernamentales pueden contribuir a fomentar una cultura de adopción de la IA proporcionando financiación y apoyo a las iniciativas de investigación, desarrollando políticas que promuevan la integración de la IA en diversos sectores y facilitando las asociaciones entre el mundo académico y la industria. Para crear una cultura de adopción de la IA, las organizaciones deben dar prioridad a la creación de un entorno que fomente la experimentación, la asunción de riesgos y el aprendizaje continuo. Esto puede lograrse mediante iniciativas como hackathones, retos de innovación y equipos interfuncionales que permitan a los empleados explorar las tecnologías de IA y desarrollar soluciones innovadoras a los retos empresariales. Las organizaciones también deben proporcionar recursos específicos, como acceso a datos e infraestructura informática, para apoyar la experimentación y permitir que los empleados adquieran experiencia práctica con herramientas y técnicas de IA. Fomentar una cultura de adopción de la IA requiere estrategias eficaces de gestión del cambio y una comunicación clara para garantizar que los empleados comprendan las ventajas de la IA y estén motivados para adoptarla. Las organizaciones deben comunicar de forma proactiva los fundamentos de la adopción de la IA, haciendo hincapié en el potencial para mejorar la productividad, agilizar los procesos y crear nuevas oportunidades de negocio. Deben establecerse canales de comunicación claros para abordar las preocupaciones de los empleados y proporcionarles apoyo durante todo el

160

proceso de adopción. Las organizaciones deben reconocer y recompensar a los empleados que participen activamente en las iniciativas de IA, creando incentivos para el aprendizaje continuo e impulsando un cambio cultural positivo. Para maximizar la eficacia de las estrategias destinadas a abordar las carencias de competencias y fomentar una cultura de adopción de la IA, las organizaciones deben supervisar y evaluar continuamente sus esfuerzos. Esto puede hacerse mediante evaluaciones periódicas de las habilidades y competencias de los empleados, midiendo el impacto de los programas de formación y recogiendo opiniones de los empleados sobre sus experiencias y retos en la adopción de la IA. Mediante la recopilación de datos y conocimientos, las organizaciones pueden identificar áreas de mejora, perfeccionar sus estrategias y repetir su enfoque para mejorar aún más la adopción de la IA. Abordar las carencias de competencias y fomentar una cultura de adopción de la IA requiere un enfoque global que integre programas de formación, oportunidades de tutoría, colaboración entre el mundo académico, la industria y las entidades gubernamentales, y entornos organizativos de apoyo. Invirtiendo en la mejora de las competencias de los empleados, desarrollando asociaciones con instituciones educativas, fomentando una cultura de experimentación y aprendizaje, y aplicando estrategias eficaces de gestión del cambio, las organizaciones pueden superar con éxito las carencias de competencias, promover la adopción de la IA y liberar su potencial transformador para el crecimiento y la innovación empresarial.

C. GARANTIZAR LA TRANSPARENCIA Y LA RESPONSABILIDAD EN LOS SISTEMAS DE IA

A medida que las tecnologías de IA se generalizan en diversos sectores, es imperativo establecer mecanismos que promuevan la transparencia y la responsabilidad en los procesos de toma de decisiones de estos sistemas. Una forma de conseguirlo es mediante la explicabilidad, en la que los sistemas de IA se diseñan para ofrecer explicaciones comprensibles de sus resultados. La explicabilidad no sólo ayuda a comprender el razonamiento que subyace a las decisiones de IA, sino que también facilita la identificación de sesgos o errores potenciales. En consecuencia, los diseñadores y los usuarios pueden responsabilizarse de las decisiones del sistema, garantizando que la IA se utilice de forma responsable y ética. Establecer un marco regulador sólido es esencial para garantizar la transparencia y la responsabilidad de los sistemas de IA. Las autoridades deben elaborar directrices y normas que aborden los problemas éticos relacionados con la IA, como la privacidad, la imparcialidad y los prejuicios discriminatorios. Estas normas obligarían a las organizaciones a revelar los algoritmos y datos utilizados en los sistemas de IA, permitiendo auditorías y evaluaciones independientes. De este modo, se pueden identificar y mitigar los posibles sesgos o problemas éticos. Los marcos reguladores también deberían exigir transparencia en los procesos de formación y desarrollo de los sistemas de IA, garantizando que se someten a pruebas y validaciones rigurosas antes de su despliegue. La

163

aplicación de mecanismos de rendición de cuentas, como una auditoría de IA, es esencial para garantizar el cumplimiento de las normas éticas. Una auditoría de IA implicaría evaluar los procesos de toma de decisiones y los resultados de un sistema de IA, evaluando su cumplimiento de los mandatos legales y éticos. Esta auditoría puede ser realizada por organizaciones independientes o por organismos reguladores creados específicamente para la supervisión de la IA. Al responsabilizar a las organizaciones de las acciones de sus sistemas de IA, las auditorías contribuyen a mitigar los riesgos, promover la transparencia y fomentar la confianza en la tecnología de IA. Además de los mecanismos internos de rendición de cuentas, la supervisión externa es crucial para garantizar la transparencia y la rendición de cuentas en los sistemas de IA. Designar un organismo regulador independiente responsable de supervisar las aplicaciones de IA puede ayudar a prevenir el uso indebido y garantizar el cumplimiento de las directrices éticas. Este organismo regulador puede evaluar el diseño, desarrollo y despliegue de los sistemas de IA, valorar su impacto social e imponer sanciones por incumplimiento. Mediante la supervisión externa, se anima a las organizaciones a dar prioridad a las prácticas responsables de IA y a mantener la transparencia en sus operaciones.

Otro aspecto fundamental para garantizar la transparencia y la responsabilidad en los sistemas de IA es promover la diversidad y la inclusión en su desarrollo y despliegue. Al implicar diversas perspectivas en el proceso de diseño, se pueden identificar y mitigar eficazmente los sesgos potenciales. La diversidad en la mano de obra responsable del desarrollo de los sistemas de IA puede ayudar a desafiar los prejuicios implícitos, lo que conduce a resultados más justos y éticos. Garantizar que los datos utilizados para entrenar los modelos de IA sean representativos de poblaciones diversas también es crucial para evitar los sesgos discriminatorios. Esto puede lograrse mediante la recopilación proactiva de conjuntos de datos diversos e inclusivos. Promover la diversidad y la inclusión no sólo conduce a un mejor rendimiento de la IA, sino que también ayuda a evitar resultados poco éticos y sesgados. Fomentar una cultura de transparencia y responsabilidad dentro de las organizaciones es primordial para garantizar prácticas responsables de IA. Las organizaciones deben dar prioridad a la creación de un entorno que anime a las personas a hablar cuando detecten posibles sesgos o problemas éticos en los sistemas de IA. Esto puede lograrse aplicando políticas de protección de los denunciantes y mecanismos de denuncia anónima. Fomentar el diálogo abierto y facilitar los debates sobre las implicaciones éticas de los sistemas de IA también puede promover la concienciación y la responsabilidad entre los empleados. Al fomentar una cultura que valore la transparencia y la responsabilidad, las organizaciones pueden abordar de forma proactiva los posibles problemas y, en última instancia, garantizar el uso responsable de la tecnología de IA. Garantizar la transparencia y la rendición de cuentas en los sistemas de IA es crucial para abordar las preocupaciones éticas y establecer la confianza en su despliegue en diversos sectores. La transparencia puede lograrse mediante la explicabilidad, los marcos normativos y las auditorías externas. La rendición de cuentas puede garantizarse mediante la supervisión externa, la diversidad y la inclusión en el desarrollo de sistemas, y el fomento de una cultura de transparencia dentro de las organizaciones. Aplicando estas medidas, podemos crear un ecosistema

165

de IA responsable y basado en la ética, que maximice los resultados empresariales al tiempo que se protege contra los riesgos y daños potenciales.

LA IMPORTANCIA DE EXPLICAR LAS DECISIONES DE LA IA Y EVITAR LOS PREJUICIOS

Un aspecto clave que no puede pasarse por alto al implantar la tecnología de IA en las empresas es la importancia de explicar las decisiones de IA y evitar los prejuicios. A medida que los sistemas de IA se vuelven más sofisticados y omnipresentes, las empresas deben asegurarse de que estos sistemas puedan ofrecer explicaciones transparentes de las decisiones que toman. Esto es crucial por varias razones. En primer lugar, la transparencia ayuda a generar confianza entre las empresas, los consumidores y los reguladores. Cuando una empresa puede explicar claramente cómo y por qué un sistema de IA ha llegado a una decisión concreta, elimina la incertidumbre y el escepticismo que rodean su uso de la tecnología de IA. Esto es especialmente importante en sectores como la sanidad, las finanzas y el derecho, donde el impacto de las decisiones de IA puede tener consecuencias significativas en la vida de las personas.

Explicar las decisiones de la IA no sólo es esencial para generar confianza, sino también para abordar los posibles sesgos de estos sistemas. Los algoritmos de IA se desarrollan basándose en datos históricos, que pueden reflejar y perpetuar inadvertidamente los prejuicios existentes en la sociedad. Por ejemplo, si un sistema de IA de contratación se entrena sobre conjuntos de datos históricos que favorecen a los hombres en detrimento de las mujeres, puede perpetuar el sesgo de género en el proceso de contratación. Al explicar estas decisiones, las empresas pueden identificar y rectificar los prejuicios en los sistemas de IA.

167

Permite a las empresas analizar críticamente el sesgo algorítmico, corregirlo y garantizar la equidad y la igualdad de oportunidades para todas las personas.

Explicar las decisiones de IA es necesario para cumplir los requisitos reglamentarios y las normas éticas. A medida que la tecnología de IA sigue avanzando, los reguladores reconocen cada vez más la importancia de la transparencia en los procesos de toma de decisiones. Por ejemplo, el Reglamento General de Protección de Datos (RGPD) de la Unión Europea establece explícitamente que las personas tienen derecho a comprender la lógica que subyace a las decisiones automatizadas que les afectan significativamente. Esto no sólo subraya la importancia de explicar las decisiones de IA, sino también las obligaciones legales que tienen las empresas al implantar sistemas de IA. Al explicar proactivamente las decisiones de IA, las empresas pueden demostrar su compromiso con el cumplimiento y las prácticas éticas, evitando así posibles riesgos legales y de reputación. Explicar las decisiones de IA abre oportunidades de aprendizaje y mejora. Cuando los sistemas de IA funcionan como "cajas negras" -proporcionando resultados sin ninguna explicación- resulta difícil comprender cómo han llegado a esas decisiones. En cambio, los sistemas de IA transparentes permiten a las empresas recopilar información y aprender de sus algoritmos. Analizando las explicaciones proporcionadas por el sistema de IA, las empresas pueden identificar áreas de mejora y perfeccionar sus procesos de toma de decisiones. Este enfoque iterativo permite a las empresas mejorar la precisión, coherencia y eficacia de sus sistemas de IA, lo que conduce a mejores resultados empresariales.

Explicar las decisiones de IA es esencial para garantizar la responsabilidad y mitigar los posibles daños. A medida que la tecnología de IA se integra cada vez más en los procesos críticos de toma de decisiones, es crucial que las empresas rindan cuentas de las acciones y consecuencias de sus sistemas de IA. Si un sistema de IA, por ejemplo, determina la solvencia crediticia y deniega un préstamo a una persona, ésta tiene derecho a comprender los fundamentos de esta decisión. Explicar la decisión de IA no sólo permite a las empresas justificar sus acciones, sino que también ofrece a las personas afectadas la oportunidad de impugnar decisiones injustas o discriminatorias. Esto promueve la equidad, reduce el riesgo de daños y protege los derechos de las personas ante la creciente automatización.

Explicar las decisiones de IA y evitar los prejuicios es de suma importancia cuando se aprovecha la tecnología de IA en las empresas. La transparencia fomenta la confianza entre las empresas, los consumidores y los reguladores, al tiempo que permite identificar y rectificar los sesgos de los sistemas de IA. Cumplir los requisitos normativos, demostrar prácticas éticas y evitar riesgos legales son ventajas adicionales de explicar las decisiones de IA. Los sistemas de IA transparentes ofrecen oportunidades de aprendizaje, lo que permite a las empresas mejorar continuamente sus procesos de toma de decisiones. Explicar las decisiones de IA garantiza la rendición de cuentas y salvaguarda los derechos de las personas, proporcionándoles información y oportunidades para impugnar las decisiones automatizadas. Las empresas deben dar prioridad al desarrollo y la implantación de sistemas que puedan ofrecer explicaciones transparentes de las decisiones de IA, allanando el camino para una integración responsable y satisfactoria de la IA en diversos sectores.

CONSIDERACIONES ÉTICAS Y MARCOS NORMATIVOS PARA LA IMPLANTACIÓN DE LA IA

Las consideraciones éticas y los marcos normativos desempeñan un papel crucial en el éxito de la implantación de la IA en las empresas. A medida que la IA avanza y se integra en diversos sectores, es imperativo abordar las implicaciones éticas que se derivan de su uso. Una de las principales preocupaciones es el posible sesgo de los algoritmos de IA y de los procesos de toma de decisiones. Los sistemas de IA aprenden de grandes cantidades de datos, y si estos datos contienen información sesgada o no representativa, pueden perpetuar y amplificar estos sesgos. Por ejemplo, si un algoritmo de contratación se entrena con datos históricos que reflejan prejuicios raciales o de género, puede discriminar inadvertidamente a determinados grupos en el proceso de contratación. Es esencial garantizar que los sistemas de IA se entrenen con conjuntos de datos diversos e imparciales para minimizar estos sesgos. Hay que tener en cuenta cuestiones como la privacidad y la protección de datos al implantar la IA. Como los sistemas de IA se basan en gran medida en la recopilación y el análisis de datos, existe el riesgo de vulnerar el derecho a la intimidad de las personas. Los marcos normativos, como el Reglamento General de Protección de Datos (RGPD) de la Unión Europea, pretenden proteger los derechos de las personas y establecer directrices para las empresas que manejan datos personales. El cumplimiento de estas normativas es crucial para garantizar que las implementaciones de IA se adhieren a las normas éticas y protegen la privacidad de los usuarios. La transparencia y la explicabilidad son vitales en los sistemas de IA para fomentar la confianza y la responsabilidad. Muchos algoritmos de IA, como las redes neuronales de aprendizaje profundo, suelen considerarse cajas negras, lo que significa que su proceso de toma de decisiones no es fácilmente comprensible para los seres humanos. Esta falta de transparencia puede ser problemática, especialmente en áreas críticas como la sanidad o las finanzas. Por ejemplo, si un sistema de IA recomienda un plan de tratamiento específico para un paciente, es importante que los profesionales sanitarios y los pacientes comprendan los fundamentos de esa recomendación. Se están desarrollando varios enfoques, como las técnicas de aprendizaje automático interpretable, para abordar esta cuestión y hacer que los sistemas de IA sean más interpretables. Los reglamentos y las normas pueden ayudar a garantizar que las empresas ofrezcan explicaciones adecuadas sobre las decisiones basadas en la IA, permitiendo a las personas comprender el razonamiento que subyace a esas decisiones e identificar posibles sesgos o errores. El impacto potencial de la IA en el empleo plantea cuestiones éticas que deben abordarse. Aunque la IA puede agilizar los procesos y aumentar la eficiencia, también tiene el potencial de sustituir los puestos de trabajo humanos. Esto suscita preocupación por el desplazamiento de trabajadores y las posibles implicaciones sociales y económicas. Es crucial que las empresas consideren las dimensiones éticas de la implantación de la IA y tomen medidas para mitigar cualquier efecto negativo sobre los empleados. Esto puede implicar programas de recualificación y reciclaje para que los empleados puedan adaptarse a los requisitos cambiantes del trabajo o aplicar medidas para garantizar una distribución justa de los beneficios generados por la IA entre los trabajadores. En cuanto a los marcos normativos, los gobiernos y las organizaciones internacionales están reconociendo la necesidad de supervisar y gobernar la IA. La Comisión Europea, por ejemplo, ha presentado propuestas para un marco jurídico sobre la IA, con el objetivo de garantizar que la IA se desarrolle y utilice de forma que respete los derechos y valores fundamentales. Estas propuestas incluyen una regulación específica de la IA, requisitos para los sistemas de IA de alto riesgo y posibles multas por incumplimiento. Otros países, como Estados Unidos y Canadá, también están explorando enfoques normativos para abordar las implicaciones éticas y sociales de la IA. Los esfuerzos de colaboración entre los gobiernos, las partes interesadas de la industria y el mundo académico son cruciales para establecer marcos éticos y normativos para la aplicación de la IA. Las directrices éticas y las mejores prácticas pueden desarrollarse a través de la participación de múltiples partes interesadas para garantizar que la IA se utiliza de forma responsable. Esto implica tener en cuenta las perspectivas de diversas partes interesadas, como expertos de la industria, especialistas en ética, responsables políticos y organizaciones de la sociedad civil. Trabajando juntos, estas partes interesadas pueden aportar su experiencia para dar forma a normas éticas y marcos reguladores que aborden realmente los retos sociales, éticos y legales que rodean la aplicación de la IA. Las consideraciones éticas y los marcos normativos son fundamentales para la implantación responsable de la IA en las empresas. Abordar las preocupaciones en torno a los prejuicios, la privacidad, la transparencia, el empleo y la gobernanza es esencial para garantizar que los sistemas de IA sean justos, dignos de confianza y responsables. Las empresas deben participar activamente en debates éticos, cumplir las normativas y adoptar las mejores prácticas para maximizar el impacto positivo de la IA, mitigando al mismo tiempo cualquier riesgo potencial o consecuencia negativa. Sólo mediante un enfoque colaborativo y proactivo podremos aprovechar plenamente el potencial de la IA y, al mismo tiempo, defender los principios éticos y salvaguardar el bienestar de la sociedad. Además de sus innumerables aplicaciones en el mundo empresarial, la inteligencia artificial (IA) ha demostrado ser una herramienta inestimable para multiplicar los resultados empresariales. Una forma en que la IA puede mejorar los resultados empresariales es a través de su capacidad para recopilar y analizar grandes cantidades de datos a una velocidad sin precedentes. Con los métodos tradicionales, recopilar y procesar cantidades tan grandes de información sería una tarea que llevaría mucho tiempo y requeriría mucho trabajo. Los algoritmos impulsados por la IA pueden manejar sin esfuerzo enormes volúmenes de datos, proporcionando a las empresas información valiosa y permitiéndoles tomar decisiones informadas con mayor eficacia. La IA puede identificar pautas y tendencias en conjuntos de datos que, de otro modo, pasarían desapercibidos. Al reconocer estos patrones, las empresas pueden comprender mejor las preferencias de los clientes, las tendencias del mercado y las ineficiencias operativas. Armadas con este conocimiento, las empresas pueden hacer predicciones más precisas y desarrollar estrategias para optimizar sus operaciones y aumentar la rentabilidad. Otra forma en que la IA puede multiplicar los resultados empresariales es a través de su capacidad para automatizar tareas repetitivas y mundanas. Muchas empresas tienen procesos que implican trabajo manual repetitivo, como la introducción de datos, la atención al cliente y la

174

gestión de inventarios. Estas tareas pueden consumir mucho tiempo y ser propensas al error humano, lo que conduce a la ineficacia y a la reducción de la productividad. Empleando herramientas de automatización basadas en IA, las empresas pueden agilizar estos procesos, liberando tiempo y recursos valiosos. Por ejemplo, los chatbots impulsados por IA pueden gestionar eficazmente las consultas de los clientes, proporcionar respuestas instantáneas e incluso hacer recomendaciones de productos basadas en preferencias específicas de los clientes. Automatizando este aspecto de la atención al cliente, las empresas pueden garantizar un servicio coherente y eficaz, lo que aumenta la satisfacción y la fidelidad de los clientes. Del mismo modo, los sistemas basados en IA pueden gestionar automáticamente los niveles de inventario, reponiendo existencias cuando sea necesario y optimizando la gestión de la cadena de suministro. Al reducir la necesidad de intervención manual, las empresas pueden operar con más eficacia y reducir costes, lo que en última instancia contribuye a aumentar los márgenes de beneficio.

La IA puede mejorar enormemente la eficacia de los esfuerzos de marketing y ventas, multiplicando en última instancia los resultados empresariales. Los algoritmos de IA pueden analizar los comportamientos, preferencias y patrones de compra de los clientes para crear campañas de marketing personalizadas. Al adaptar los mensajes de marketing a segmentos específicos de clientes, las empresas pueden aumentar la probabilidad de generar respuestas y conversiones favorables. Este nivel de personalización no sólo mejora la experiencia del cliente, sino también la eficacia del marketing, al evitar que se malgasten recursos en audiencias irrelevantes. La IA puede ayudar en la generación de prospectos y la identificación de clientes potenciales.

Utilizando algoritmos de aprendizaje automático, las empresas pueden analizar grandes cantidades de datos para identificar a los clientes potenciales con más probabilidades de conversión. Este enfoque específico no sólo mejora la eficacia de los esfuerzos de ventas, sino que también aumenta la probabilidad de cerrar acuerdos, lo que conduce a una mayor generación de ingresos. Los análisis basados en IA pueden mejorar enormemente los procesos de toma de decisiones, permitiendo a las empresas responder rápida y adecuadamente a las cambiantes condiciones del mercado. Al analizar los datos en tiempo real, los algoritmos de IA pueden proporcionar a las empresas información precisa y actualizada, permitiéndoles tomar decisiones informadas con rapidez. Ya sea ajustando las estrategias de precios, reasignando los presupuestos de marketing o desarrollando nuevas ofertas de productos, la IA puede proporcionar la orientación necesaria para garantizar una toma de decisiones eficaz. La IA puede generar previsiones precisas de la demanda, permitiendo a las empresas optimizar los niveles de inventario, minimizar las roturas de stock y evitar el exceso de existencias. Al alinear la oferta con la demanda, las empresas pueden reducir los costes asociados al exceso de inventario o a las oportunidades de venta perdidas, lo que contribuye a aumentar la rentabilidad. La IA puede analizar las tendencias del mercado y los datos de la competencia para identificar oportunidades emergentes o amenazas potenciales. Armadas con este conocimiento, las empresas pueden adaptar sus estrategias y adelantarse a la competencia, multiplicando en última instancia los resultados empresariales. La IA tiene el potencial de multiplicar enormemente los resultados empresariales a través de diversas aplicaciones. Al recopilar y analizar grandes cantidades de datos, la IA permite a las empresas obtener información valiosa y tomar decisiones informadas con mayor eficacia. Las herramientas de automatización impulsadas por la IA pueden agilizar las tareas repetitivas, liberando tiempo y recursos valiosos. La IA mejora los esfuerzos de marketing y ventas personalizando las campañas, mejorando la experiencia del cliente y aumentando la probabilidad de conversiones. Los análisis impulsados por la IA mejoran enormemente los procesos de toma de decisiones, permitiendo a las empresas responder con rapidez a las cambiantes condiciones del mercado. Con su versatilidad y capacidad para mejorar los resultados empresariales, la IA tiene realmente el potencial de revolucionar la forma de operar de las empresas y multiplicar sus resultados.

178

VI. CONCLUSIÓN

El potencial de la IA para multiplicar los resultados empresariales es innegable. A lo largo de este ensayo, hemos explorado varias formas de aprovechar la IA para optimizar distintos aspectos de una empresa. Desde el servicio de atención al cliente hasta el marketing y la gestión de la cadena de suministro, la IA tiene la capacidad de revolucionar el modo en que funcionan las empresas e impulsar su crecimiento. Al automatizar las tareas mundanas, mejorar los procesos de toma de decisiones y aumentar la eficacia general, la IA puede liberar tiempo y recursos valiosos para que las empresas se centren en iniciativas estratégicas y en la innovación. Los análisis y los algoritmos predictivos impulsados por la IA pueden proporcionar información muy valiosa sobre el comportamiento de los consumidores y las tendencias del mercado, lo que permite a las empresas tomar decisiones basadas en datos y adelantarse a la competencia. Es importante reconocer que la implantación con éxito de la IA requiere una planificación y una consideración cuidadosas. Las empresas deben invertir en la infraestructura, la recopilación de datos y las capacidades de procesamiento necesarias para aprovechar plenamente el poder de la IA. Deben abordarse las preocupaciones en torno a las consideraciones éticas, la privacidad y la seguridad para garantizar el uso responsable de las tecnologías de IA. A pesar de estos retos, los beneficios potenciales de la IA para las empresas son inmensos. Al adoptar la IA e incorporarla a sus operaciones, las empresas pueden obtener una ventaja competitiva, alcanzar mayores niveles de productividad y eficiencia y, en última instancia, multiplicar sus resultados empresariales. A medida que la IA siga avanzando y madurando, se espera que su impacto en las empresas sea cada vez mayor. Es crucial que las empresas empiecen a explorar e identificar oportunidades para integrar la IA en sus estrategias y adopten un enfoque proactivo hacia la adopción de la IA. En el panorama digital actual, en rápida evolución, la IA se ha convertido en una necesidad más que en un lujo. Las empresas que no se adapten y aprovechen el poder de la IA corren el riesgo de quedarse rezagadas y perder su ventaja competitiva. Es imperativo que las empresas reconozcan el potencial de la IA y tomen medidas proactivas para adoptar esta tecnología transformadora. Ya sea a través de chatbots, algoritmos de aprendizaje automático o análisis predictivo, la IA tiene el potencial de transformar el modo en que operan las empresas y amplificar sus resultados. El momento de aprovechar esta oportunidad es ahora. Al adoptar la IA y aprovechar sus capacidades para agilizar las operaciones, mejorar la experiencia del cliente e impulsar la innovación, las empresas pueden posicionarse para el éxito en la era digital. Con la estrategia y la aplicación adecuadas, la IA puede impulsar a las empresas a nuevas cotas y abrirles un mundo de posibilidades. Es importante abordar la adopción de la IA con cautela y asegurarse de que se tienen en cuenta las cuestiones éticas y de privacidad. De este modo, las empresas pueden aprovechar todo el potencial de la IA y, al mismo tiempo, mantener su responsabilidad ante la sociedad. La IA no es simplemente una palabra de moda o una tendencia pasajera, sino un cambio de juego que tiene el potencial de revolucionar el panorama empresarial. Las empresas que adopten la IA y aprovechen sus capacidades serán las que prosperen en la era digital. A medida que la tecnología siga avanzando a un ritmo vertiginoso, la IA desempeñará sin duda un papel cada vez más fundamental en la configuración del futuro de las empresas. Es imperativo que las empresas inviertan en investigación y desarrollo de IA, adopten un enfoque proactivo hacia la adopción de IA y se aseguren de que cuentan con la infraestructura y los recursos adecuados para capitalizar el inmenso poder de esta tecnología transformadora. Al hacerlo, las empresas pueden multiplicar sus resultados y obtener una ventaja competitiva en un mercado cada vez más saturado. El futuro pertenece a quienes tienen el valor de aceptar el cambio y aprovechar el poder de la IA. ¿Estará tu empresa a la altura del desafío?

RESUMEN DE LOS PRINCIPALES PUNTOS TRATADOS EN EL ENSAYO

En este ensayo se analizan varias formas en que las empresas pueden multiplicar eficazmente sus resultados incorporando la inteligencia artificial (IA) a sus operaciones. El primer punto principal que se destaca es la utilización de sistemas de gestión de las relaciones con los clientes (CRM) impulsados por la IA, que pueden mejorar el compromiso de los clientes y conducir a una mejora de los índices de conversión de las ventas. Al analizar los datos de los clientes, la IA puede proporcionar información valiosa y personalizar las interacciones, lo que conduce a una mayor satisfacción y fidelidad de los clientes. En segundo lugar, se discute el uso de algoritmos de IA para el análisis predictivo como medio de identificar tendencias y patrones para optimizar las estrategias empresariales. Mediante la IA, las empresas pueden aprovechar los datos en tiempo real para tomar decisiones informadas, anticiparse a las necesidades de los clientes y adaptar sus ofertas en consecuencia. El ensayo destaca el papel de la IA en la racionalización de los procesos empresariales y la mejora de la eficacia operativa. Los flujos de trabajo automatizados, impulsados por la IA, pueden encargarse de las tareas rutinarias, permitiendo a los empleados centrarse en actividades más estratégicas. Se destaca la integración de la IA en la gestión de la cadena de suministro como forma de optimizar los niveles de inventario, reducir costes y mejorar los plazos de entrega. Al prever la demanda y controlar las variables que afectan a la cadena de suministro, la IA permite tomar mejores decisiones y adoptar un enfoque más ágil y receptivo de la gestión de inventarios. Otro punto importante debatido es el uso de chatbots y asistentes virtuales con IA en la atención al cliente. Estas herramientas pueden gestionar eficazmente las consultas de los clientes, proporcionar respuestas instantáneas y ofrecer soluciones personalizadas, reduciendo la intervención humana y mejorando las experiencias de los clientes. El ensayo destaca el creciente papel de la IA en la seguridad de los datos y la prevención del fraude. Los algoritmos de IA pueden detectar anomalías y patrones, identificando posibles amenazas o actividades fraudulentas con más eficacia que los métodos tradicionales. Esto contribuye a salvaguardar las operaciones empresariales y proteger la información sensible de los clientes. El ensayo explora el campo emergente de la creación de contenidos y el marketing impulsados por la IA. Analizando el comportamiento y las preferencias de los clientes, la IA puede generar contenidos personalizados y campañas de marketing específicas que resuenen en el público al que van dirigidas, aumentando así los índices de conversión y el compromiso con la marca. El ensayo profundiza en las consideraciones éticas que rodean la integración de la IA en las empresas. Plantea cuestiones importantes relacionadas con la privacidad de los datos, los sesgos de los algoritmos y el posible desplazamiento de puestos de trabajo debido a la automatización. Se hace hincapié en la necesidad de que las empresas apliquen prácticas de IA responsables, den prioridad a la transparencia y realicen un seguimiento y una evaluación continuos para garantizar un uso justo y ético de la IA. La incorporación de la IA a las empresas tiene el potencial de multiplicar significativamente los resultados en diversos aspectos, como la captación de clientes, el análisis predictivo, la eficiencia operativa, la gestión de la cadena de suministro, el servicio al cliente, la seguridad de los datos, la creación de contenidos y el marketing. Es crucial que las empresas aborden la integración de la IA con una mentalidad ética, dando prioridad al bienestar de sus empleados y clientes al tiempo que garantizan un uso responsable de la tecnología de IA. Al lograr un equilibrio entre innovación y ética, las empresas pueden aprovechar el poder de la IA para impulsar el crecimiento, mejorar la experiencia del cliente y obtener una ventaja competitiva en el panorama empresarial actual, en rápida evolución.

EL POTENCIAL DE LA IA PARA MULTIPLICAR LOS RESULTADOS EMPRESARIALES

Nunca se insistirá lo suficiente en el potencial de la inteligencia artificial (IA) para multiplicar los resultados empresariales. Como se ha expuesto en las secciones anteriores, las tecnologías de IA, como el aprendizaje automático y el procesamiento del lenguaje natural, han demostrado ser decisivas para mejorar diversas funciones empresariales, como la atención al cliente, el marketing y las operaciones. La capacidad de los sistemas de IA para analizar grandes cantidades de datos y obtener información procesable permite a las empresas tomar decisiones más informadas y responder rápidamente a las demandas del mercado. Los chatbots y asistentes virtuales potenciados por la IA mejoran el compromiso con el cliente proporcionándole una asistencia personalizada y eficiente, mejorando así su satisfacción y fidelidad. Los algoritmos de IA pueden optimizar las campañas de marketing segmentando a los clientes y dirigiéndose a ellos con ofertas relevantes y oportunas, lo que aumenta las tasas de conversión y los ingresos. En el ámbito de las operaciones, las tecnologías de IA pueden agilizar los procesos, automatizar las tareas repetitivas y mejorar la eficiencia de la producción, con el consiguiente ahorro de costes y mejora de la productividad. Una de las principales ventajas de la IA en el ámbito empresarial es su capacidad para predecir y adaptarse a las tendencias futuras. Los algoritmos de IA pueden analizar datos históricos e identificar patrones, lo que permite a las empresas hacer previsiones y predicciones precisas. Esta capacidad de predicción es especialmente valiosa en sectores propensos a cambios rápidos y condiciones de mercado fluctuantes. Por ejemplo, en el sector minorista, la IA puede analizar el comportamiento de los consumidores y las pautas de compra para predecir tendencias futuras y optimizar la gestión del inventario. Al anticiparse con precisión a la demanda, las empresas pueden minimizar las roturas de stock y los excesos de existencias, reduciendo así los costes y mejorando la satisfacción del cliente. Del mismo modo, en el sector financiero, los algoritmos de IA pueden controlar las tendencias del mercado, identificar riesgos potenciales y tomar decisiones de inversión basadas en datos. Esto no sólo aumenta la rentabilidad, sino que también mitiga el riesgo de pérdidas financieras. La IA tiene potencial para revolucionar los procesos de toma de decisiones en las empresas. La toma de decisiones tradicional suele basarse en la intuición y la experiencia humanas, que pueden ser subjetivas y sesgadas. En cambio, los algoritmos de IA son objetivos y se basan en datos, lo que garantiza una toma de decisiones más precisa e imparcial. Por ejemplo, la IA puede analizar las opiniones de los clientes y el análisis de sentimientos para identificar problemas emergentes o áreas de mejora, lo que permite a las empresas tomar medidas proactivas. Los sistemas de IA también pueden ofrecer recomendaciones y perspectivas basadas en datos históricos, ayudando a los directivos a tomar decisiones informadas sobre precios, desarrollo de productos y asignación de recursos. Aprovechando el poder de la IA, las empresas pueden tomar decisiones estratégicas que se ajusten a sus objetivos y maximicen sus posibilidades de éxito. La aplicación de la IA puede suponer un importante ahorro de costes para las empresas. Al automatizar las tareas repetitivas y que consumen mucho tiempo, las organizaciones pueden liberar a su mano de obra humana para que se centre en actividades de más valor añadido. Por ejemplo, en el sector sanitario, los sistemas de imágenes médicas impulsados por IA pueden analizar las exploraciones e identificar anomalías, lo que permite a los radiólogos dar prioridad a los casos de alto riesgo y mejorar la precisión del diagnóstico. Del mismo modo, en el sector manufacturero, la IA puede utilizarse para el mantenimiento predictivo, detectando posibles fallos de los equipos antes de que se produzcan y evitando costosos tiempos de inactividad. Al reducir la intervención manual y mejorar la eficiencia operativa, las empresas pueden conseguir un ahorro sustancial de costes y mejorar su cuenta de resultados. La IA puede ayudar a las empresas a mejorar su ventaja competitiva en el mercado. En el acelerado mundo digital actual, las organizaciones deben ser ágiles y adaptables para mantenerse por delante de la competencia. Las tecnologías de IA permiten a las empresas conocer mejor las preferencias y el comportamiento de sus clientes, lo que les permite ofrecer experiencias personalizadas y específicas. Al comprender mejor a los clientes, las empresas pueden desarrollar estrategias de marketing más eficaces, establecer relaciones más sólidas y fidelizar a sus clientes. La IA puede ayudar a las empresas a racionalizar sus cadenas de suministro, optimizar la logística y mejorar la eficiencia operativa general. Esto no sólo reduce los costes, sino que también permite a las empresas ofrecer servicios más rápidos y fiables, obteniendo una ventaja competitiva en el mercado.

El potencial de la IA para multiplicar los resultados empresariales es enorme. Desde la mejora del servicio al cliente y la eficacia del marketing hasta la mejora de la eficacia operativa y la toma de decisiones, las tecnologías de IA tienen un poder transformador en diversas funciones empresariales. Al aprovechar las capacidades de la IA, las empresas pueden obtener información valiosa, hacer predicciones precisas, automatizar procesos y reducir costes, lo que en última instancia conduce a una mayor rentabilidad y competitividad. A medida que la IA siga evolucionando y madurando, las empresas que adopten esta tecnología y aprovechen su potencial estratégicamente probablemente prosperarán en un mercado en constante cambio.

LAS EMPRESAS DEBEN ADOPTAR LAS TECNOLOGÍAS DE LA IA PARA SEGUIR SIENDO COMPETITIVAS Y LOGRAR UN CRECIMIENTO EXPONENCIAL

A medida que la tecnología sigue avanzando a un ritmo sin precedentes, las empresas deben adaptarse y evolucionar para seguir siendo competitivas en la vertiginosa economía global actual. La Inteligencia Artificial (IA) está transformando rápidamente diversos sectores, dando lugar a una mayor eficiencia, una mejor toma de decisiones y un aumento de la productividad. Es esencial que las empresas adopten las tecnologías de IA para mantenerse a la cabeza de la carrera y lograr un crecimiento exponencial. Una de las principales razones por las que las empresas deberían adoptar la IA es para mejorar su eficacia operativa. La automatización impulsada por la IA puede agilizar las tareas repetitivas, automatizar los flujos de trabajo y reducir los errores humanos. Al incorporar tecnologías de IA, las empresas pueden liberar recursos humanos para centrarse en actividades de mayor valor, como la innovación, la creatividad y la planificación estratégica. Esto no sólo supone un ahorro de costes, sino que también permite a los empleados utilizar sus habilidades y conocimientos de forma eficaz, lo que se traduce en un aumento de la productividad y de la eficacia operativa general. La IA puede mejorar enormemente los procesos de toma de decisiones dentro de una empresa. Con la capacidad de analizar grandes cantidades de datos, la IA puede extraer ideas significativas y

191

proporcionar recomendaciones valiosas. Esto permite a las empresas tomar decisiones informadas, identificar tendencias emergentes y predecir el comportamiento del mercado con mayor precisión. Al aprovechar el poder de la IA, las empresas pueden obtener una ventaja competitiva tomando decisiones basadas en datos, mitigando los riesgos y aprovechando las nuevas oportunidades en el momento oportuno.

Además de la eficiencia operativa y la toma de decisiones, la adopción de tecnologías de IA también puede mejorar significativamente la experiencia del cliente. Los chatbots y asistentes virtuales con IA pueden ofrecer atención al cliente las 24 horas del día, atender consultas y resolver problemas rápidamente, mejorando así la satisfacción y fidelidad del cliente. Los algoritmos de IA pueden personalizar las campañas de marketing y las recomendaciones en función de las preferencias de cada cliente, lo que aumenta la participación y las tasas de conversión. Aprovechando la IA, las empresas pueden ofrecer experiencias personalizadas a gran escala, satisfacer las expectativas cambiantes de los clientes y obtener una ventaja competitiva en el panorama actual de un mercado centrado en el cliente.

Otra razón de peso para que las empresas adopten tecnologías de IA es impulsar sus esfuerzos de ciberseguridad. Con la creciente frecuencia y sofisticación de las ciberamenazas, las empresas necesitan disponer de medidas de seguridad sólidas. Los algoritmos impulsados por la IA pueden detectar y responder a posibles brechas de seguridad en tiempo real, permitiendo a las empresas proteger proactivamente sus sistemas y datos. Aprovechando la IA en ciberseguridad, las empresas pueden minimizar eficazmente los riesgos, salvaguardar la información confidencial y evitar pérdidas económicas o daños a su reputación.

Adoptar las tecnologías de IA puede abrir nuevas vías de crecimiento y diversificación de los ingresos. Los análisis basados en IA pueden identificar mercados sin explotar, segmentos de consumidores y productos o servicios emergentes con gran potencial de crecimiento. Aprovechando los algoritmos de IA, las empresas pueden desarrollar estrategias de marketing específicas, optimizar las estrategias de precios e identificar oportunidades de venta cruzada o de aumento de ventas. Esto permite a las empresas ampliar su base de clientes, aumentar la cuota de mercado e impulsar el crecimiento de los ingresos. Las tecnologías de IA también pueden facilitar la innovación y el desarrollo de productos. Analizando las opiniones de los clientes, las tendencias del mercado y los datos de la competencia, los algoritmos de IA pueden identificar lagunas en el mercado y ayudar a las empresas a desarrollar productos o servicios innovadores que satisfagan las necesidades cambiantes de los clientes. La IA puede permitir a las empresas realizar prototipos, simulaciones y pruebas rápidas, reduciendo el tiempo de comercialización y minimizando los costes asociados al desarrollo de productos. Al adoptar la IA, las empresas pueden impulsar la innovación, introducir productos o servicios disruptivos y obtener una ventaja competitiva en el dinámico panorama empresarial actual. Adoptar las tecnologías de IA puede contribuir a un modelo empresarial más sostenible y socialmente responsable. Los algoritmos de IA pueden optimizar el consumo de energía, reducir los residuos y minimizar la huella de carbono optimizando los procesos y las operaciones. La IA puede facilitar el trabajo a distancia y los horarios flexibles, contribuyendo a un mejor equilibrio entre trabajo y vida privada y reduciendo las emisiones relacionadas con los desplazamientos. Al adoptar la IA, las empresas pueden alinear sus operaciones con los objetivos de sostenibilidad, al tiempo que mejoran la reputación de su marca y atraen a clientes preocupados por el medio ambiente. Adoptar las tecnologías de IA ya no es una opción, sino una necesidad para las empresas que quieren seguir siendo competitivas y lograr un crecimiento exponencial. Al aumentar la eficiencia operativa, mejorar los procesos de toma de decisiones, mejorar la experiencia del cliente, reforzar los esfuerzos de ciberseguridad, diversificar las fuentes de ingresos, impulsar la innovación de productos y promover la sostenibilidad, las empresas pueden desbloquear numerosas ventajas que ofrece la IA. Las empresas deben adoptar proactivamente las tecnologías de IA para prosperar en el panorama empresarial actual, en rápida evolución.

BIBLIOGRAFÍA

Jaime Wood. 'La palabra sobre la lectura y la escritura universitarias'. Carol Burnell, Recursos Educativos Abiertos de Oregón, 1/1/2020

Bernd Carsten Stahl. 'Inteligencia Artificial para un futuro mejor'. Una perspectiva ecosistémica sobre la ética de la IA y las tecnologías digitales emergentes, Springer Nature, 17/3/2021

Murat Durmus. 'Trampas del aprendizaje automático: Una breve guía sobre cómo evitar los errores más comunes (con ejemplos de código)'. Murat Durmus, 3/12/2023

Woodrow Barfield. 'Manual de Cambridge sobre el Derecho de los Algoritmos'. Cambridge University Press, 5/11/2020

Naveen Chilamkurti. 'La adopción y el efecto de la inteligencia artificial en la gestión de los recursos humanos'. Pallavi Tyagi, Emerald Group Publishing, 2/10/2023

Julia Werner. 'La Inteligencia Artificial en la Gestión de Recursos Humanos. Oportunidades para la industria de la aviación'. GRIN Verlag, 19/7/2021

Darren G. Burton. 'Aceleración de la IA: Guía completa para adoptar la Inteligencia Artificial en tu empresa'. Darren G. Burton, 28/6/2023

Quigley, Marian. 'Enciclopedia de Ética y Seguridad de la Información'. Idea Group Inc (IGI), 31/5/2007

Comité de Redes Regionales de Datos Sanitarios. 'Datos sanitarios en la era de la información'. Uso, divulgación y privacidad, Instituto de Medicina, National Academies Press, 1/1/1994

S. L. Aarthy. 'Integración de algoritmos de aprendizaje profundo para superar los retos del análisis de grandes datos'. R. Sujatha, CRC Press, 22/9/2021

Martha Rogers. 'Gestión de la experiencia y las relaciones con el cliente'. A Stra-tegic Framework, Don Peppers, John Wiley & Sons, 26/4/2022

Sara Quach. 'Inteligencia Artificial para la Gestión del Marketing'. Park Thaichon, Taylor & Francis, 11/10/2022

Gerhard Friedrich. 'Sistemas de información y gestión para la customización de productos'. Thorsten Blecker, Springer Science & Business Media, 28/12/2005

Karthik Ramasubramanian. 'Construir un chatbot empresarial'. Trabajar con datos empresariales protegidos utilizando marcos de código abierto, Abhishek Singh, Apress, 13/09/2019

Agencia Digital Mayfair. 'Los chatbots y los asistentes de IA están transformando la atención al cliente'. Mayfair Digital Agency, 3/6/2020

Agencia Digital Mayfair. 'Chatbots con IA: Mejorando la atención al cliente y las ventas'. Agencia Digital Mayfair, 3/4/2021

Nick Toman. 'La experiencia sin esfuerzo'. Conquering the New Battleground for Customer Loyalty, Matthew Dixon, Penguin, 9/12/2013

Minghai Zheng. 'Personalización basada en la IA'. Transformar las relaciones entre empresas y clientes, Amazon Digital Services LLC - Kdp, 6/2/2023

Alan Pennington. 'El manual de la experiencia del cliente'. Cómo diseñar, medir y mejorar la experiencia del cliente en tu empresa, Pearson UK, 14/09/2016

Robert J. Zwerling. 'Análisis para empresas basados en IA'. Una hoja de ruta para convertirte en un centro neurálgico del análisis, Lawrence S. Maisel, John Wiley & Sons, 19/1/2022

Tanupriya Choudhury. 'La Analítica de Inteligencia de Decisiones y la Implementación de la Gestión Estratégica de la Empresa'. P. Mary Jeyanthi, Springer Nature, 1/1/2022

Emily Flynn Vencat. 'La nación de la personalización'. Por qué la personalización es el futuro de los negocios y cómo beneficiarse de ella, Anthony Flynn, BenBella Books, Inc., 15/11/2012

Frank Kane. 'Construir sistemas de recomendación con aprendizaje automático e IA'. Ayuda a las personas a descubrir nuevos productos y contenidos con el aprendizaje profundo, las redes neuronales y las recomendaciones de aprendizaje automático, Publicado de forma independiente, 8/11/2018

Tom Fawcett. 'Ciencia de datos para empresas'. Lo que necesitas saber sobre minería de datos y pensamiento analítico de datos, Foster Provost, "O'Reilly Media, Inc.", 27/7/2013

División de Ingeniería y Ciencias Físicas. 'Conjuntos de datos masivos'. Actas de un taller, Consejo Nacional de Investigación, National Academies Press, 2/10/1997

Minghai Zheng. 'IA para la toma de decisiones'. Aprovechar el aprendizaje automático para tomar mejores decisiones, Amazon Digital Services LLC - Kdp, 29/5/2023

Kaveh Memarzadeh. 'Inteligencia Artificial en la Asistencia Sanitaria'. Adam Bohr, Academic Press, 21/6/2020

Thomas H. Davenport. 'Inteligencia Artificial'. Las ideas que necesitas de Harvard Business Review, Harvard Business Review, Harvard Business Review Press, 1/1/2019

Joshua Walker. 'Superando a la IA'. Poder, beneficio y liderazgo en la era de las máquinas, Brennan Pursell, Rowman & Littlefield, 15/8/2020.

Ciara Heavin. 'Apoyo a la toma de decisiones, análisis e inteligencia empresarial, tercera edición'. Daniel J. Power, Business Expert Press, 8/06/2017

Nicolas Vandeput. 'Ciencia de datos para la previsión de la cadena de suministro'. Walter de Gruyter GmbH & Co KG, 22/3/2021

Amir Ali Shaik. 'Dominar las operaciones en el mundo empresarial'. Amir Ali Shaik, 27/06/2023

Sanjana Mohapatra. 'Estrategia de automatización de procesos en servicios, fabricación y construcción'. Bharati Mohapatra, Emerald Group Publishing, 20/2/2023

197

Bernard Marr. 'La Inteligencia Artificial en la Práctica'. Cómo 50 empresas de éxito utilizaron la IA y el aprendizaje automático para resolver problemas, John Wiley & Sons, 15/4/2019

David Vivancos. 'Automatizar o ser automatizado'. Publicación independiente, 27/3/2020

Gwynne Richards. 'Gestión de Almacenes'. Guía completa para mejorar la eficiencia y minimizar los costes en el almacén moderno, Kogan Page Publishers, 6/3/2014

Dwayne Anderson. 'Inteligencia Artificial: cómo implantar la IA en tu empresa'. Estalontech, 26/9/2021